佛典密意系列

龙树二论密意

谈锡永 ◎ 著

復旦大學 出版社

龙树菩萨

目 录

总序 ··· 001
  一、说密意 ·· 001
  二、智识双运 ··· 003
  三、略说如来藏 ·· 004
  四、结语 ··· 007

《龙树二论密意》序言 ··· 001

上篇　密意说空 ··· 001
  一、我们怎样说空 ·· 003
  二、本性自性空 ·· 005
  三、《入楞伽经》说七种空 ·· 011
  四、空间与空 ··· 017
  五、虚空与空 ··· 021
  六、空就是零 ··· 028
  七、缘起与自性 ·· 033
  八、三种心境界 ·· 038
  九、究竟离空而说空 ··· 050
  十、现证离言空性 ·· 055

下篇　龙树二论 063

一、《六十正理论》 065

第一部分

建立缘起义 067

说缘起观修 068

说证入真实性 073

说证入法智 077

证法智相 082

第二部分

证成真实及法智 083

证成观修次第 086

证成中道 089

证成无生 094

由"无生"调伏见惑 096

二、《七十空性论释》 102

一、前颂：说"缘生性空"义 104

二、由四重缘起成立"缘生性空" 107

三、证成超越缘起即是"无生" 114

四、由相证成空性 120

五、由业证成空性 137

六、由根、境、识证成空性 145

七、修行道上所证 157

八、结颂：胜义世俗双运 165

跋 167

总　序

一、说　密　意

"佛典密意"系列丛书的目的在于表达一些佛家经论的密意。什么是密意？即是"意在言外"之意。一切经论都要用言说和文字来表达，这些言说和文字只是表达的工具，并不能如实表出佛陀说经、菩萨造论的真实意，读者若仅依言说和文字来理解经论，所得的便只是一己的理解，必须在言说与文字之外，知其真实，才能通达经论。

《入楞伽经》有偈颂言：

　　由于其中有分别　　名身句身与文身
　　凡愚于此成计著　　犹如大象溺深泥[①]

这即是说若依名身、句身、文身来理解经论，便落于虚妄分别，由是失去经论的密意、失去佛与菩萨的真实说。所以在《大涅槃经》中，佛说"四依"（依法不依人、依义不依语、依智不依识、依了义不依不了义），都是依真实而不依虚妄分别，其中的"依义不依语"，正说明读经论须依密意而非依言说文字作理解。佛将这一点看得很严重，在经中更有颂言：

[①] 依谈锡永译：《入楞伽经梵本新译》，第二品，颂172，台北：全佛文化，2005年。

>　　彼随语言作分别　　即于法性作增益
>　　以其有所增益故　　其人当堕入地狱①

这个颂便是告诫学佛的人不应依言说而诽谤密意,所以在经中便有如下一段经文:

> 世尊告言:大慧,三世如来应正等觉有两种教法义(dharma-naya),是为言说教法(deśanā-naya)、自证建立教法(siddhānta-pratyavasthāna-naya)。
>
> 云何为言说教法之方便?大慧,随顺有情心及信解,为积集种种资粮而教导经典。云何为观修者离心所见分别之自证教法?此为自证殊胜趣境,不堕一异、俱有、俱非;离心意意识;不落理量、不落言诠;此非堕入有无二边之外道二乘由识观可得尝其法味。如是我说为自证。②

由此可知佛的密意,即是由佛内自证所建立的教法,只不过用言说来表达而已。如来藏即是同样的建立,如来法身不可思议、不可见闻,由是用分别心所能认知的,便只是如来法身上随缘自显现的识境。所以,如来法身等同自证建立教法,显现出来的识境等同言说教法,能认知经论的密意,即如认知如来法身,若唯落于言说,那便是用"识观"来作分别,那便是对法性作增益,增益一些识境的名言句义于法性上,那便是对佛密意的诽谤、对法性的损害。

这样,我们便知道理解佛家经论密意的重要,若依文解字,便是将识境的虚妄分别,加于无分别的佛内自证智境上,将智境增益名言句义而成分别,所以佛才会将依言说作分别看得这么严重。

---

① 依谈锡永译:《入楞伽经梵本新译》,第三品,颂34。
② 同上书,第三品,第151页。

二、智识双运

由上所说，我们读经论的态度便是不落名言而知其密意，在这里强调的是不落名言，而不是摒除名言，因为若将所有名言都去除，那便等于不读经论。根据言说而不落言说，由是悟入经论的密意，那便是如来藏的智识双运，亦即是文殊师利菩萨所传的不二法门。

我们简单一点来说智识双运。

佛内自证智境界，名为如来法身。这里虽说为"身"，其实只是一个境界，并非有如识境将身看成是个体。这个境界，是佛内自证的智境，所以用识境的概念根本无法认知，因此才不可见、不可闻，在《金刚经》中有偈颂说：

若以色见我　以音声求我
是人行邪道　不能见如来

色与音声都是识境中的显现，若以此求见如来的法身、求见如来的佛内智境，那便是将如来的智境增益名言，是故称为邪道。

如来法身不可见，因为遍离识境。所以说如来法身唯藉依于法身的识境而成显现，这即是依于智识双运而成显现。经论的密意有如如来法身，不成显现，唯藉依于密意的言说而成显现，这亦是依于智识双运而成显现。如果唯落于言说，那便有如"以色见我，以音声求我"。当然不能见到智境、不能见到经论的密意。不遣除言说而见密意，那便是由智识双运而见，这在《金刚经》中亦有一颂言（义净译）：

应观佛法性　即导师法身
法性非所识　故彼不能了

是即不离法性以见如来法身（导师法身），若唯落识境（言说），便不能了知法性，所谓不离法性而见，即是由智识双运的境界而见，这亦是不二法门的密意,杂染的法与清净的法性不二,即是于智识双运的境界中法与法性不二。

然而,智识双运的境界,亦是如来藏的境界,我常将此境界比喻为荧光屏及屏上的影像:荧光屏比喻为如来法身,即是智境;法身上有识境随缘自显现,可比喻为荧光屏上的影像,即是识境。我们看荧光屏上的影像时,若知有荧光屏的存在,那便知道识境不离智境而成显现(影像不离荧光屏而成显现),因此无须离开影像来见荧光屏(无须离开言说来见密意),只需知道荧光屏唯藉影像而成显现(密意唯藉言说而成显现),那便可以认识荧光屏(认识经论的密意)。这便即是"应观佛法性,即导师法身",也即是"四依"中的"依义不依语""依智不依识""依了义不依不了义"。

简单一点来说,这便即是"言说与密意双运",因此若不识如来藏,不知智识双运,那便不知经论的密意。

三、略说如来藏

欲知佛的密意须识如来藏,佛的密意其实亦说为如来藏。支那内学院的学者吕澂先生在《入楞伽经讲记》中说:

> 此经待问而说,开演自证心地法门,即就众生与佛共同心地为言也。
>
> 自证者,谓此心地乃佛亲切契合而后说,非臆测推想之言。所以说此法门者,乃佛立教之本源,众生入道之依处。[1]

由此可见他实知《入楞伽经》的密意。其后更说:

> 四门所入,归于一趣,即如来藏。佛学而与佛无关,何贵此学,

---

[1] 《吕澂佛学论著选集》卷二,齐鲁书社,1991年,第1217页。

故四门所趣必至于如来藏,此义极为重要。①

所谓"四门",即《入楞伽经》所说的"八识""五法""三自性"及"二无我",吕澂认为这四门必须归趣入如来藏,否则即非佛学,因此他说:

> 如来藏义,非楞伽独倡,自佛说法以来,无处不说,无经不载,但以异门立说,所谓空、无生、无二,以及无自性相,如是等名,与如来藏义原无差别。②

佛说法无处不说如来藏、无经不载如来藏,那便是一切经的密意、依内自证智而说的密意;由种种法异门来说,如说空、无生等,那便是言说教法,由是所说四门实以如来藏为密意,四门只是言说。

吕澂如是说四门:

> 前之四法门亦皆说如来藏,何以言之? 八识归于无生,五法极至无二,三性归于无性,二空归于空性,是皆以异门说如来藏也。

这样,四门实在已经包括一切经论,由是可知无论经论由哪一门来立说,都不脱离如来藏的范限。现在且一说如来藏的大意。

认识如来藏,可以分成次第:

一、将阿赖耶识定义为杂染的心性,将如来藏定义为清净的心性,这样来理解便十分简单,可以说心受杂染即成阿赖耶识,心识清净即成如来藏心。

二、深一层次来认识,便可以说心性本来光明清净,由于受客尘所染,由是成为虚妄分别心,这本净而受染的心性,便即是如来藏藏识。本来清净光明的心性,可以称为如来藏智境,亦可以称为佛性。

三、如来藏智境实在是一切诸佛内自证智境界,施设名言为如来法身。如来法身不可见,唯藉识境而成显现。这样,藉识境而成显现的

---

① 《吕澂佛学论著选集》卷二,齐鲁书社,1991年,第1261页。
② 同上。

佛内自证智境便名为如来藏。

关于第三个次第的认识，可以详说：

如来法身唯藉识境而成显现，这个说法，还有密意。一切情器世间，实在不能脱离智境而显现，因为他们都要依赖如来法身的功能，这功能说为如来法身功德。所以正确地说，应该说为：如来法身上有识境随缘自显现，当这样说时，便已经有两重密意：（1）如来法身有如来法身功德；（2）识境虽有如来法身功德令其得以显现，可是还要"随缘"，亦即随着因缘而成显现，此显现既为识境，所依处则为如来法身智境，两种境界双运，便可以称为"智识双运界"。

什么是"双运"？这可以比喻为手，手有手背与手掌，二者不相同，可是却不能异离，在名言上，即说二者为"不一不异"，他们的状态便称为双运。

如来法身智境上有识境随缘自显现，智境与识境二者不相同，可是亦不能异离，没有一个识境可以离如来法身功德而成立，所以，便不能离如来法身而成立，因此便说为二者双运，这即是智识双运。

如来法身到底有什么功能令识境成立呢？第一，是具足周遍一切界的生机，若无生机，没有识境可以生起，这便称为"现分"；第二，是令一切显现能有差别，两个人，绝不相同，两株树，亦可以令人分别出来，识境具有如是差别，便是如来法身的功能，称为"明分"，所谓"明"，即是能令人了别，了了分明。

智境有这样的功能，识境亦有它自己的功能，那便是"随缘"。"随缘"的意思是依随着缘起而成显现。这里所说的缘起，不是一般所说的"因缘和合"，今人说"因缘和合"，只是说一间房屋由砖瓦木石砌成；一只茶杯由泥土瓷釉经工人烧制而成，如是等等。这里说的是甚深缘起，名为"相碍缘起"，相碍便是条件与局限，一切事物成立，都要适应相碍，例如我们这个世间，呼吸的空气、自然界的风雷雨电，如是等等，都要适应。尤其是对时空的适应，我们是三度空间的生命，所以我们必须成为立体，然后才能够在这世间显现。这重缘起，说为甚深秘密，轻易不肯宣说，因为在古时候一般人很难了解，不过对现代人来说，这缘起便不应该是什么秘密了。

这样来认识如来藏,便同时认识了智识双运界,二者可以说为同义。于说智识双运时,其实已经表达了文殊师利法门的"不二"。

四、结　　语

上面已经简略说明密意、智识双运与如来藏,同时亦据吕澂先生的观点,说明"无经不载如来藏",因此凡不是正面说如来藏的经论,都有如来藏为密意,也即是说,经论可以用法异门为言说来表达,但所表达的密意唯是如来藏(亦可以说为唯是不二法门),因此我们在读佛典时,便应该透过法异门言说,来理解如来藏这个密意。

例如说空性,怎样才是空性的究竟呢? 如果认识如来藏,就可以这样理解:一切识境实在以如来法身为基,藉此基上的功能而随缘自显现,显现为"有",是即说为"缘起",缘起的意思是依缘生起,所以成为有而不是成为空。那么,为什么又说"性空"呢? 那是依如来法身基而说为空,因为释迦将如来法身说为空性,比喻为虚空,还特别声明,如来法身只能用虚空作为比喻,其余比喻都是邪说,这样一来,如来法身基(名为"本始基")便是空性基,因此在其上显现的一切识境,便只能是空性。此如以水为基的月影,只能是水性;以镜为基的镜影,只能是镜性。能这样理解性空,即是依如来藏密意而成究竟。

以此为例,即知凡说法异门实都归趣如来藏,若不依如来藏来理解,便失去密意。因此,本丛书即依如来藏来解释一些经论,令读者知经论的密意。这样来解释经论,可以说是一个尝试,因为这等于是用离言来解释言说,实在并不容易。这尝试未必成功,希望读者能给予宝贵意见,以便改进。

谈锡永

2011 年 5 月 19 日七十七岁生日

《龙树二论密意》序言

龙树论师的《六正理聚》，包含六篇论著，即（1）《中论》（2）《回诤论》（3）《精研论》（4）《七十空性论》（5）《六十如理论》（6）《中观宝鬘论》。本书特选出《六十如理论》及《七十空性论》两篇，加以疏释，用以表达龙树说"缘起"、说"性空"、说"真实义"、说"法智"，以至说"无生"的密意。

为什么要选这两篇论呢？

因为《中论》虽然是龙树的重要论著，但实际上它的作意，只在于教导学人如何依"中道"观修时，能依所缘境正确地作出"抉择"与"决定"，并没有详细地、系统地述说"缘起"与"性空"。《六十如理论》及《七十空性论》二论，则恰好可以作为补充。

《六十如理论》的主旨，在于说明为何要建立缘起，并由缘起说及初地菩萨所证的"真实义"，以及八地以上菩萨以至于如来所现证的"法智"。所以由这部论，读者即可澈底了解缘起，知道何谓缘起，以及缘起在观修中所起的作用。

这样一来，读者便可以依观修而正确理解"缘生性空"。这是理解龙树学说的关键，亦是依中道而观修的关键。

误解"缘生性空"的现象，实先起于台湾。有学者依文字推理，将"缘生性空"理解为"因为缘生，所以性空；因为空，所以可以缘起"（"缘起故空，空故缘起"），这样一来，他便将二者视为"同一内容"、同一层次。

由《六十如理论》便可以知道这绝不是龙树的思想。论中明说要先建"有"，破除"无"，因为落于"无见"会引起许多过患。当"无见"破除之后,学人若通达"有"与"无"的义理,对"有"与"无"更无偏爱("无贪"),然后才能跟他说"寂灭"。此中次第井然,显然不是一说"缘生",立刻就可以推论为"性空"。

其实作这样推论的学者,也知道有毛病,因为若以"缘生"为世俗,以"性空"为胜义,那么,胜义谛跟世俗谛就永恒相对而不成相融,所以他还要断章取义,依龙树在《中论》中的一些颂,来成立他的二谛相融,因此就建立"性空的缘起、缘起的性空",前者为胜义谛,后者为世俗谛,并以为这就是"中道"。

然而龙树的本意真的是这样吗?

在《六十如理论》中,龙树先斥责一些人,"不知寂灭义,但闻空性声"(颂32),再指责执著"世间"的人,"呜呼是被常、无常等见夺"(颂44),这恰恰便是指如来藏为"真常"的现象了。

龙树的"中道",则见于颂46。他说:"许诸法缘生(那就是许缘生成为有),犹如水中月,非真亦非无,不由彼见夺("彼",依上文知指"宗见")。"是即以"非真亦非无"为中道见。这说"非真亦非无",即是释迦所说的"非有非非有"。在《入楞伽经》,释迦即说牛角与兔角是"非有非非有",龙树在《法界赞》中,便说这是佛的中道,于颂33言:"以兔角喻牛角喻,此为如来所现证。是故于彼一切法,除中道外无所有。"

龙树在《六十如理论》颂49中还说,能见"缘生"的圣者才能见中道。于见中道时,才能决定"缘生即不生"。请看,这跟自以为二谛相融的学者,差别多么大。

不能遍知中道的人,实由落于宗见而致。学者将"缘生性空"当成是龙树的宗义,所以说应该将龙树定为"缘起宗",这实在是开龙树的玩笑。《六十如理论》颂51说:"彼诸圣者等,无宗无诤端。诸圣既无宗,他宗云何有?"龙树中道何尝有宗。

说到这里,读者便可知理解《六十如理论》密意的重要,一旦了知,便不会根据自己的偏见来立宗,唯以"性空"为是,从而批判唯识与如来藏,并由此指责禅宗、华严、天台、净土、密宗诸宗。说他们为"真常",已经很包容。

至于《七十空性论》，则是龙树说观修的论著，由次第观修，即可现证"名言有"（"假名有不真实"），且经次第观修，即可现证胜义与世俗双运。是即从世俗建立胜义为无自性、从胜义建立世俗为名言有。

以此之故，本论说"缘生性空"只用了三个颂，余外所说，都跟观修有关。

说观修，先说"四重缘起"的抉择与决定，这样就成立了缘起的重重超越，学人由是可住入"相碍缘起"，由是认知"清净""平等"与"无二"。

笔者说"相碍缘起"，有人批评为"查经无据"，这实在是因为批评者不知道这只是"道名言"，亦即为观修而施设的名言。道名言多是"查经无据"。禅宗说的"三关"、华严宗说的"十玄门"、天台宗说的"假、空、中"三谛，以至"应成见"（应敌成破）、"自续见"（自立续），在佛经中何尝能见其名。

若知龙树密意，便知道"相碍缘起"实在是"查论有据"。在《中论·观四谛品》，有颂言："以有空义故，一切法得成。"什么是"空义"？如果知道龙树亦说"本性自性空"，便应该知道，本性是依如来法身、如来法身功德而说，在言说上则将此本性施设为"空性"，这才是最了义的"空义"。知此空义，即知唯藉如来法身功德，一切诸法才能任运圆成而存在或显现，这不正就是"相碍缘起"么？

在《七十空性论》颂 24 中，诤论者问言："若无有生灭，何灭为涅槃？"依上文，此处所指的"无有生灭"实指"无有生性、灭性"，不是指生灭现象。龙树答言："自性无生灭，此岂非涅槃。"复于《释论》中说："若性无生无灭，此岂非即是涅槃。"

在颂 25 中，接着解释，"涅槃离有无，故无生无灭"，这正是成立"无生"来说涅槃。

在相碍缘起中，一切诸法"任运圆成"，实依如来法身为因（非指"生因"，实指"含藏因"）、依如来法身功德为缘，如是而成显现。由此显现可见如来法身功德，离有性、无性（因为是智境的功能），因此观修行人才能由现证如来法身功德而现证无生。既然如此，当说查经有据的无生、圆成自性等名言时，便应知相碍缘起的施设，实为由识境引入智境的施设，名言在经中查不到，但依密意则见于许多经论。

以上所说，并不是笔者要为自己辩解，实在是想说明，龙树中道实依相碍缘起而说"有为非有为，非多亦非一，非有无二俱"的、"此摄一切相"（颂32）的中道观察。

上面为以相说空，接着即以业说空。

颂41言："佛所化且空，何况化所化。"这亦非依相碍缘起来理解不可。在这里，作业的人说为"佛所化"、业则说为"化所化"，这便是将二者的成立皆归于佛。为什么要说得这么郑重，不只泛说"缘生"呢？这便是龙树将业者与业都归为如来法身上的随缘自显现。是必须知其所说的"随缘"，非为随相碍缘起不可。

于此之后，龙树更说其余观修，成立一观修次第，今不赘言。

正由于此，龙树才总结说："说有或说无，或说亦有无，诸佛密意说，此难可通达。"（颂44）若能通达有无，即可由中道次第证入二谛双运。

龙树这两篇论的重要性，由上述即可知，因为实已通说基、道、果。希望读者能依这二论，了知龙树的密意，是则一切颠倒的说法，无论何人何说，皆可消除。必须如是，才能知道真实的般若，而非相似般若。

在本书中，为了让读者容易了解二论密意，所以将二论置为下篇，上篇则为《密意说空》，笔者在这篇中所说，即依二论，以及龙树的《中论》《法界赞》《菩提心释》等论而说，于此中说"本性自性空"，以及"非有非非有"此中道见，方便读者于读二论时了知其密意。若读者已读笔者余书，对所说已知，尚请勿嫌有部分重复，因为笔者的难处，即在于不能不为初读笔者译著的人设想。

唯愿本书能有少分功能，得护持正法，愿吉祥。

谈锡永

2013年4月

上篇　密意说空

一、我们怎样说空

佛家宗派林立,即依三转法轮来说,便已经有声闻乘、缘觉乘、菩萨乘和一佛乘,若依论师成立的宗派,更目迷五色,屈指难数。然而无一宗派不说空与空性,为什么呢？因为说一切法空,正是佛家的基础学说,由此基础才可以认识到如来的密意,否则,佛的说法便一切都成言说。

佛对于空,做过三个譬喻：画月、水月、空中月。对于画月很容易说它并非实有；对于水月,说它非实有似乎很容易,其实于说水月时,佛亦须依密意来说；至于说空中月为空,那就更是甚深层次的空,唯能依佛密意而了知。你看,如果一切法空不是佛家的基础,佛何必要层层深入来说空。

正因为这样,所以无一宗派不说空,学佛的人,无论由何宗派入手,都一定接触到对空的解说。然而解说若正,学人的认识便正；解说若误,学人便受误导,这就是佛说的"一盲引众盲,相将入火坑"。

欲了解空,却须知道,空无非只是学佛所须认知的基础知识,并非佛法的究竟,因为空只是假施设,施设的作用是用来表达佛的密意,密意无法说出,便只能依施设而说。禅宗说："说与一法即不中",即是指出言说并非真实、施设并非真实,所以"不中"。因此,若唯由言说来认识空与空性,亦是"不中"。

当然,每一个说空的学者,都一定以为自己所说即是空的正解,但笔者当年学佛,却一直受着这些所谓正解的迷惑,初读他们的书,说得头头是道,引经据典,似乎无可辩驳,但细加寻索,便看不到对关键问题有斩钉截铁的解说,所以笔者惶惑了许多年,直到后来得到敦珠法王无畏智金刚的教导,指示"本性自性空",才得到空的正解。可以肯定它是正解,因为这说法跟一切佛法都不相违。小乘之所说、唯识之所说、中观之所说,都能融汇在这说法里面,无须加以否定,甚至现代人纠缠不休的"自空""他空",在这说法中都能成立。而且,在观修方面,如果不依"本性自性"来抉择、观修、决定,一定不能受益,甚至可能自以为已能见空,其实却把空变成偶像,一切观修都变成偶像崇拜、空性崇拜。因此必须肯定"本性自性空",它实在是佛的密意,亦是对空的唯一正解。

指出"本性自性空",在《大宝积经·无边庄严会》中已有所说,笔者有《〈无边庄严会〉密意》(复旦大学出版社 2014 年 6 月出版)一书,读者可以参考。所以敦珠法王的教导,实在亦是依经而教,并非是宁玛派自创的说法。说空性的学者对此经未加留意,这便错失珍宝。有如《圣入无分别总持经》所说,入宝山的人采得第一层银矿,或采得第二层金矿,又或采得第三层宝石矿,便分别满足,于是便错失了第四层的摩尼宝(如意宝珠)。

现在笔者说空,即依"本性自性空"的究竟正见而说,并依此正见指出一些说空的过失。这样做,可能会给人认为自大。笔者多年以来亦正有这重顾虑,所以才不敢着手依此著作。不过,如今笔者年事已高,觉得若不宣发这究竟正见,未免于心不安,因此才作出决定,依照此见地来说空。若读者认为说错,可以指出错在那里,让笔者能依此深入思维,并作观修,可是却不宜依人不依法、依语不依义、依识不依智、依不了义不依了义,来贸然否定我们所说的空。

总说一句:我们怎样说空?那就是依佛密意,依"本性自性空"来说空。

二、本性自性空

依《无边庄严会》，一切诸法"本性自性"是菩萨所入之门。也即是说，菩萨如果想入一佛乘，必须先认知一切诸法自性实在是以本性为自性，当施设本性为空性时，便可以说一切诸法自性即是空性。

佛在此经中说，"本性自性"是依法界来开示演说。这说法有两重深义：

一者，本性是依法界来成立，将法界的性说为本性。

二者，法界即是如来法身。如来法身即是佛内自证智，所以，法界便是佛内自证智的境界。因此依法界来成立本性，便亦即是依法身、法智来成立。这样一来，本性便可理解为法身性、法智性、法界性。这个性不能用言说来诠释，是故方便施设为空性。经文还强调，必须这样说，然后才能成立"一切诸法犹如虚空"。

读者在此应当注意，依本性自性究竟成立的是"一切诸法犹如虚空"，而不是"一切诸法无自性空"，此即非依缘起来成立空，而是依本性来成立空。然而在这里，却绝不是否定依缘起来说空，只是指出，若依缘起来证入空性，至究竟时，便正是由本性自性成立的空。可惜的是，许多学人当见到佛说"一切诸法犹如虚空"时，便误认为等如是说"一切诸法无自性空"，这样一来，就失去了依佛密意的究竟空见，同时亦不理解，正因为"一切诸法"本来就"无自性"，所以才能说本性自性空，由是才能依如来法身说"一切诸法犹如虚空"。

因此我们可以这样说，行者观修重重缘起，次第决定一切诸法无自性，及至究竟，于悟入诸法实在只是如来法身上，或说法智上、法界上的随缘自显现，此时便了知缘生诸法恰如镜影，其自性只能说是镜性；又或恰如水中月，月影的自性只能说是水性，由是依如来法身而显现的一切法，虽由缘生，其自性便只能说是如来法身的本性，不能以缘生为自性。这就是诸法如幻，本性自性的究竟见。于见地中，既未否定缘起，亦未否定性空，只是否定不依观修而唯言说的"因为缘起，所以性空"。为什么要否定，因为这言说只是推理，妨碍了我们认识本性自性。

更者，释迦说过，对于如来法身只能用虚空来作比喻，所以当说"一切诸法犹如虚空"时，实际上已等如说：一切诸法犹如如来法身。这样说时，许多人可能十分诧异。"一切诸法"包含轮回界的有为法，亦即是落于因缘的法，那怎可能说它"犹如如来法身"呢？

说"犹如如来法身"，是依"本性"来说。因为在这里说具"本性"的便正是如来法身。如来法身本来不能说有什么性，因为不可思议，说有什么性便可以思议了，所以"本性"亦只是言说，只是施设，由施设言说来向学人演示如来法身（同时亦显示了法智与法界），学人即可由此言说的密意，来悟知如来法身这个境界。

这里，便牵涉到对如来藏的理解。

笔者读过一些关于"如来藏""如来藏思想"的近人著作，发现相当多作者对如来藏都有误解，误解则由甚深的成见而来。他们有些人将如来藏看成是一个场所；有些人坚持佛说如来藏只是为了开引外道，所以说为真常；有些人认为如来藏违反缘起，如是种种成见，可以说是对如来藏的严重诽谤。

这种情形，佛其实早已预言，认为是法灭尽时的现象。《胜鬘经》依佛预言，便说有三种人不识如来藏：

第一种是"堕身见众生"，指执著自我的人，因执自我，自然有我与我所，他们依"我所"（我所爱、我所受等）来认识如来藏，自然不能悟入"出世间一切智境界"（《宝性论》语），这个境界恰恰便是如来藏的境界，亦即佛内自证智境界，称为如来法身。倘如执持身见，将如来法身看成是身（或将法界看成是界），便会将如来藏看成是场所。所以说为场所，便依然是身见的范限,然而如来藏境界既是佛内自证智境界,当然便没有范限,而且不落边际。

第二种是"颠倒众生",那是指对如来藏四种功德未能正知的人。四种功德是常、乐、我、净,颠倒众生认为这四种功德违反佛法,因为佛说:无常、苦、无我、不净。这便是依佛的言说来理解四种功德,而不知其为佛的密意。所以在《大般涅槃经》中佛说:应该"在在处处常修我想、常、乐、净想","如彼智人巧出宝珠,所谓我想、常、乐、净想",这里便是用如意宝珠来比喻如来藏的四种功德。对此不知,便会指责如来藏落于"真常"。其实依佛密意,四种功德并不是如来藏的自性,只是如来藏的功能。佛内自证智境界有功能,一点也不奇怪,若加否定,便成颠倒。

第三种是"空乱意众生"。"空乱意"的梵文śūnyatā-vikṣipatacitta,原意是"对空性起迷乱心"。例如误解一切法"缘生性空"的人,他们将"缘生"与"性空"视为同一层次,因此说"因为缘生,所以性空",或说"缘起故空,空故缘起"。由此执著,便认为一定要依缘起来说空,殊不知这种执著,等于说一定要依识境的现象来说空,倘如他们的执著真实,那么,如来便依然要住在识境。这样一来,如来便无尽离识境的法身可言。认为如来藏违反缘起的人,便是"对空性起迷乱心"的例子。

如果能离这些误解,便可以用言说来表达如来藏,说为:如来法身并非个体,只是佛内自证智境界,而且,说为"境界"亦只是施设。这个境界,具有常、乐、我、净四种功德(功能),可以总括为"现分"与"明分"。

如来藏恒常,是因为如来智境恒常。这一点无可诤论,如果说如来智境不恒常,那么,如来便亦会断灭。然而除了智境恒常之外,智境还具有现分,这现分可以理解为生机,正因为有生机,所以在智境上才能有识境生起,如是成就一切时空的世间与生命。所以,这现分亦必定恒常。

现分亦可称为大乐，因为有世间及有情生起，对有情来说，便可以说为大乐。假如理解此生机是佛的悲心，便可以称之为大悲。

由是可知，建立现分便可同时建立常、乐两种功德。

至于明分，可以理解为区别的本质。当生起有情，生起世间时，必须具有区别，因此世间有区别，有情有区别。如果将这区别当成分别，而且是由自我的立场来分别，这样就会成立我与我所。若依明分区别则无分别，甲与乙不同，只是因为他们的显现有区别，并不是本质上有所分别。是即如来法身上的一切诸法，包括有为法与无为法，包括轮回界与涅槃界，都无分别，只可区别，所以才说一切诸法平等。

正由于如来法身具有这区别分，我们才可以不将区别当成分别。人与蚂蚁不同，只是区别，而且是本然的区别，所以不是心识所起的分别。倘若不能这样理解，根本便不可能离分别来认知心的行相、外境的行相。

由一切诸法平等，如此即可说如来藏为大我，这大我，实在基于由明分的区别来遣除心识的分别，若基于心识分别来观修无分别，则只能将诸法一一成立小我，然后在口头上说一一小我自性空，再然后说：因为都是自性空所以无分别。

在这里，我们便须注意到一个言说混淆的问题。当说"一切诸法自性空，是故平等无分别"时，便须要理解，是根据一切诸法本性自性来说，抑或是根据一个一个法的缘生性空来说。这亦即是，这说法是根据大我来说，抑或是根据小我来说，此二者实有很大的区别。前者离分别而建立（亦即离分别是大前提），后者则落于分别而建立（建立之后才依推理说离分别）。

如来法身上一切诸法既然平等，便不能落于识境的理念来理解，因此如来法身以及识境，实在是离世间的名言与句义而成立，这样才可以说为清净。《无边庄严会》说的"清净陀罗尼"便是以出离世间为清净，所说的出离世间，便是名言句义尽。由是可知，说如来藏境界清净，亦是基于依明分而成立的无分别。

由是可知，建立明分便可同时建立我、净两种功德。

依照前面的说法，我们便可以这样来理解如来藏：

如来法身是佛内自证智境界。这智境具有现分与明分，由此令有情及世间能够生起。这生起，必须依于因缘，所以说为缘起。用佛家的名言来说，便可以这样定义如来藏：如来法身具足功德，令识境得以随缘自显现，是故智境与识境双运，即可名为如来藏。

这里说的双运，有如手掌与手背。手掌依手背为基而成显现，二者恒不相离，所以可以说无手掌即无手背的功能，无手背亦无手掌的功能，如果不是恒不相离，手掌与手背便都成无用。

笔者常用荧光屏来比喻如来藏。如来法身智境喻为荧光屏，此荧光屏由于有功能，所以有种种影像显现，这些显现便可以作为识境的比喻。荧光屏与影像显现结合，便可以作为智境与识境双运的比喻。依此比喻，即可以成立"本性自性"。

如果问：荧光屏上的影像有何自性？如果住在影像世界中，依凡夫的见地，便说火有火性、水有水性，他们只是依影像相来成立自性。

超越凡夫，知道缘起，可是依然住在影像世界中的人，便依缘生性空来说荧光屏上一切影像都是缘生性。当这样说时，虽非究竟，但作为见地亦可以成立，不过，若依此见地观修，持着"缘起故空，空故缘起"作抉择见与决定见，那便有弊端。因为这只是推理，而且是住在识境而自以为可说智境的推理。所以这种人便只能永远住在影像世界中，不得出离，只是由世智来成立自以为是的如来智境，由是所说都是世聪辩智。

倘若依智境与识境双运，入无分别的人，虽然住在影像世界中，但却知道，不能将"缘生"与"性空"放在同一层面，当决定性空时，必须先将缘生建立为"有"（此说法见于《六十正理论》），然后超越这重缘起，才能说此"有"为空。如何超越？依区别来说，是依四重缘起来超越（参考拙著《四重缘起深般若》），至究竟时，便可以现证：一切荧光屏影像的自性，只能说为荧光屏性，唯有施设荧光屏性为空，才可以说影像的自性是空性。

依此比喻，我们便可以理解何谓"本性自性"了。所谓"本性"，即是如来法身的智境性，如是，如来法身上自显现的一切识境，他们的自性，便只能是本性。这样便成立了"本性自性"。如果将这本性施设为空。是故便可以说如来智境上的一切诸法空性。这即是"本性自性空"，亦便是依"如来藏我"而说空。

说本性自性空，是最究竟的空，因为这空性是本然的状态。谁能说荧光屏上的影像不是荧光屏性呢，因此，谁能说依智境而成显现的识境不是智境性呢？在这里，只是如实而说，无须推理，亦无外加的概念，更无须落在名言与句义来说空。

所以《无边庄严会》说："一切诸法皆是佛法""诸法本性与佛法等，是故诸法皆是佛法。"更说："一切诸法所有自性，即是本性。若是本性，彼无自性。汝今当知，若以言说得一切法本性自性，无有是处。"正因为离言说，由是本性自性空才是最究竟的空。

三、《入楞伽经》说七种空

在《入楞伽经》中，佛对大慧菩萨开示七种空，这七种空必须依"本性自性空"来理解，因为七种空是依密意而成立。

经中，大慧菩萨请佛解说什么是一切法空、一切法无生、一切法无二、一切法无自性相。可是，佛却先对大慧说空，然后才对无生、无二等作答。而且于说空前，佛还先说："空性实无非为一遍计自性句义。"先郑重指出这点，即是说，"空""空性"只是言说，是故不应执著。为什么要施设这言说呢？佛亦解释说："以人执著于遍计自性，故我说空性、无生、无二、无自性。"这样说时，便说出两点密意：一者，凡是名言施设都是遍计自性，都只为执著于遍计自性的人而施设；二者，空性、无生、无二、无自性等，其实同一意趣，所以能知其一，便知其余。因此佛便只对空详细作答，其余无生、无二等实可由空义引申而得了知。

佛说七种空性，是为：一者，相空；二者，诸有自性空；三者，无所行空；四者，所行空；五者，一切法不可说空；六者，第一义圣智大空；七者，彼此空（彼彼空）。今依经文解说如下：

（1）相空，依经言："此谓诸法无有自相、共相。"一切法的自相、共相，都只能在识境中成立。依弥勒的说法，相，只是二取显现、名言显现。心识是能取，外境是所取，所以由心识取外境而成显现，即名二取显现；人于成立二取显现时，同时生一概念，于是依概念建立名言，如山河大地，花草树木，由是即成名言显现。名言显现在识境中真实，但心识若离识境，入智识双运境界，便知一切法的自相、共相，无非只是基于二取而起的名言，而二取则实基于业力，人与犬业力不同，由是人所见的彩色世界,小狗则见为黑白,但犬所听闻的声界,人对许多声音则一无所闻,所以这些识境自性,唯依本性说之为空。

用荧光屏的比喻,即是:住在荧光屏影像世界中的人,见一切法有自相共相,若离影像世界,则见一切法无非影像,而且这些影像还依业力所起的二取而无定相。这样来看相空,便即是依本性自性来看一切诸法的现象为空。

这样来说相空,亦是由"唯心所自见"而说,所以是基于如来藏的说法,因为是离世间名言与句义而见,故同时亦是由观修而得的决定见。

(2)诸有自性空,依经言:"此谓一切法于其自性中无生。"这即是说,一切诸法都不能由其自性生起,火非由火性生,水非由水性生,由是在识境中虽可见一切法的生灭现象,但实无自性可见,若悟入智识双运境界,便知生灭唯是无自性的影像,由是即可决定为无生。

莲花生大士曾经举一喻:一只乌鸦伏在井栏边,当人窥视井水时,便见有乌鸦生起,及至乌鸦飞走,窥井的人便说乌鸦灭去。由此乌鸦喻,便知识境中人所见的只是鸦影,可是他却将影像执为真实,而不知所见的实非乌鸦。由此比喻,即可悟入无生。

须注意的是,释迦在这里说一切有法的自性空,并未依缘起而说,因为缘起亦是施设,这施设虽然为观修之所依,但却非佛的密意,若依密意,即是由一切诸法于本性自性中无生,决定一切诸法自性空。既然无生,便当然无有实自性。

(3)无所行空,依经的解释是:"此谓诸蕴即是涅槃,无始以来于彼实无所作。"对这解释,即应依如来藏而知。一切诸法(例如"诸蕴")实依于智境而成显现,所以一切显现,应该说是于法性中自显现。由于涅槃亦是于法性中自显现,所以便说诸蕴即是涅槃,诸蕴与涅槃平等,由是诸蕴即无所行,亦即实不能对诸蕴有所作为,既不能作意令诸蕴生灭,亦不能作意令诸蕴改变,由是即可由无所行来建立诸蕴的空性,一如于涅槃实无所行,是故可建立涅槃为空。

这样来建立无所行,恰恰便是禅宗的理趣,亦是无上瑜伽密的理趣。

无上瑜伽于证入寂灭时唯有直指教授,并无正行修法。这样建立无所行空,行者于修学时,便须无作意舍离而成舍离,道名言即称之为"尽"。然而,无所行亦只是名言,所以行者亦不应对无所行有所执著,亦即不可求尽而尽,此如读完小学,进入中学,便自然而然"小学尽",这时连"尽"的概念都不曾生起,如是始为无所行空,否则便是误执"无所行有"为空。

（4）所行空,依经的解释是："此谓诸蕴实离我及我所,唯于因与行相互和合时起用。"这里说所行,是说诸蕴之所行,人之触境、觉受、思维、行为、分别,即是诸蕴之所行,基于我及我所而生起,若离我与我所,则不能说诸蕴有所行。

然则,诸蕴何以能起功能呢？这是因为："因"与"行"二者和合起用。这即是说一切法于心性中自显现,实在是以藏识（心）为因,与业（行）相互和合而成自显现。依如来藏智识双运境,即知心性自显现无非只是识境自显现,所显唯是影像,一如窥井唯见鸦影,如是即可由本性自性说诸蕴所行空。

为什么要依诸蕴,既说无所行空,又说所行空呢？这是因为涅槃必须蕴灭,若行人作意令蕴灭,则应知无所行空,是即知对诸蕴的一切作意实无所作;然则,如何能令蕴灭？唯有任诸蕴于所行空中自然尽,是即无舍离而舍离。

所以释迦说这两个空,实在是为观修如来藏的行人建立,不是理论,唯是修持。

（5）一切法不可说空,依经的解释是："此谓遍计自性无可言说,因而一切法即于不可说中空。"这个解释已经很明白,遍计当然只是识境中事,若依密意,对此实无可言说,亦即实无可建立,所以,其实连空、无生、无二、无自性都无可言说,亦不成真实建立,由是一切法依遍计自性,即可由"不可说"而说之为空。

这样成立空性,是澈底否定依识境而建立的一切法,是故不可依名言而执著。但若在识境,此一切建立则可视为真实,一如我们建立山河大地、花草树木之可视为真实。

此外还应了知,佛的言说都是为执遍计自性的人施设,所以依缘起来说空便无非只是遍计,必须悟入真实才能悟入空性、必须现证真智才能现证空性,这才是不可说空。

成立这个空,实亦为观修而说,因为一切观修都须离言而成现证,此即于不可说中空,亦即唯依诸佛密意而空。

(6) 第一义圣智大空,依经的解释是:"此谓由圣智得内现证,于中更无由一切颠倒所生之习气。"这即是证入如来法身(佛内自证智境界),亦即证入一切诸法的本性,由本性自性即可说为空性,这才是毕竟空。

说"更无由一切颠倒所生之习气",即是说佛于起后得智时,虽然由后得智观察识境,但此后得智实不同凡夫的心识,由于心识尽,所以颠倒所生之习气亦尽。近代有些学者,研究佛见到的识境是否与凡夫所见的识境相同,他们有些人依自己的宗见,说释迦只见到两度空间,这便是不知道佛智与凡夫心识的区别,其区别只如经言,佛智无颠倒所生习气,凡夫心识则有此习气,只此一句便足,否则说得愈多愈错。

唯识假相派便有此毛病。他们的宗义认为,心识的行相一定是平面,当看外境现时,受无明习气影响,所以眼识所现便成立体。佛的无明习气当然已尽,因此,佛所见的世间便应该是平面影像。此为唯识假相派论师法胜(Dharmottara, 750？—810？)之所说,即是依宗义而成的执著。倘若释迦所见只是平面世界,那么他连走路都有问题。此唯识宗义,唯依识境,因此便有平面与立体的诤论,若将离识境的一切概念,说为无颠倒所生习气,要点便在有颠倒与无颠倒的区别,平面立体的识境问题根本不存在。

(7) 彼此空①,依经的解释是:"此谓若一法于此无有,人即谓于彼

---

① 笔者于《入楞伽经梵本新译》中,译此为"相对空",并说明此为意译,前人译为"彼彼空"。此意译的根据,是因为此空实依"彼此"而建立,由于彼此是相对法,所以意译为相对空。当时不敢将之意译为"他空",则是因为西藏觉囊派自称依"他空见"的缘故。觉囊派所依,不同这里之所说,若将之译为他空,则易起混淆。现在觉得译为"彼此空"较妥。

亦空。"依此解释，即是"彼此空"，前人则译为"彼彼空"。依西藏密宗的道名言，可以说是他空。佛在此有所举例："于鹿母讲堂中无有象、牛、羊等，对诸比丘众，我可说讲堂非无比丘，堂之空仅无彼（象牛羊）等而已。"这即是讲堂本身不空，只因为无象牛羊等而说为空，有如我们说，没有人住的房子是空房子，所以是他空，他（彼）指讲堂本身以外的事物，于讲堂中无有。

释迦这里说空，亦实在是据如来藏思想而说，依如来藏，唯有从一切法无生、只是影像，才能成立本性自性空。若说一切法无自性所以空，则只是言说，并非了义，因为说为空的，是外加在一切法上的"自性"。当我们说瓶无自性时，空的其实只是瓶的自性而非这个瓶。自性空而瓶宛然俱在，岂不等如说鹿母讲堂无象牛羊。为了不堕入彼此空的他空见，所以说无自性为空的学者，便须要加以界说，说凡无自性的法都不可说为实法，既非实法便亦不能有实相，依此界说才避免了彼此空的他空。

瑜伽行派所说的空，不依无自性而说，而是以无有本体、无有本质而说，所以便没有彼此空的问题。观修如来藏是瑜伽行中观，将一切诸法说为影像，便正是建立无本体、无本质的空，影像的自性如何，根本不在观察范围之内。因为没有人能看到事物的自性，连自心所起的行相，亦不能观察到它的自性，所以无自性空，空无自性，只是佛的言说，用以去除遍计，若依观修，则说无本体实较说无自性为方便。

释迦说此空最下，亦即说他空最下。不过，西藏觉囊派所说的他空，却不同释迦之所指。觉囊派只是认为：胜义不空，外加在胜义上的事物则空，由是而成他空。说胜义不空，即不同讲堂不空的例。讲堂是现象，胜义则绝对不是识境中的现象。因此我们不能沿用释迦在这里的说法，来否定觉囊派的他空。

由《入楞伽经》说七种空，即可知如何据如来藏思想，了知本性自性而说空，这才是依诸佛密意而说的空，并不是由施设自性而说空。读者可能质疑,龙树亦说自性空,此则须知,龙树亦是随顺执遍计自性的凡夫而说,不能因为他说此名言,便认为这名言真实。或认为龙树不知本性自性,此实不应理,因为释迦亦常说自性空,不能说释迦亦不知本性自性,须知这仅是未离遍计的言说,并非密意。欲知密意,必须由对此七种空的比较而了知,当了知时,便不会执著于无自性。

四、空间与空

说空的人常常弄错,将空与空间等同。

空到底是一种什么样的境界呢?其实这问题根本不可能回答。要回答,他们便只能说"无自性空"。"无自性空"非常对,但说的依然是空性,并不是空的境界。所以,有些人便用空间来说空的境界了。譬如有大师说:皮包空了才能装入东西,车厢空了才能载运乘客。这样说时,似乎是说空的境界,但其实说的只是空间,并非佛家所说的空。至于更说空的皮包能装入东西、空的车厢能载运乘客,便即是"真空妙有"。这些说法,客气一点可以说是善巧方便。

我们不要以为将空定义为空间,只是粗糙的说法,其实也有很精巧的说法,跟"皮包空"同一层次。例如说:"缘起故空,空故缘起",便有将空定义为空间的意味。

当说"缘起故空"时,可以成立,因为是佛的善巧方便说,这善巧方便,还是为了观修而施设。行者观修,先观一重"缘起有"。例如,观业因缘起有,此即观因缘和合,如观房屋由砖瓦木石而成,在这时,由业因成的是"缘起有"。虽然"缘起有"即非"真实有",只是依名言而成立的假有,但行者仍须观修,不能依推理便说此"缘起有"为空,依推理而空只是言说,必须观修,然后才能于观修境中成决定。

在这观修中,要点是:抉择这房屋是否只依砖瓦木石而成为"有"(业因缘起有),一经抉择,便知道不是,因为将房屋成立为有的,实在是人的心识。(这样,便是对业因缘起的"有"加以抉择了。)心识与外境相依而成立,所以一旦将心识与这房屋联系,便进入"相依缘起"的层次,于观修中（例如观修由心识生起坛城本尊），才可以将"业因有"否定，说为"缘起故空"，并同时成立"相依有"。

必须这样来理解"缘生性空"才是正解，否则便只是依推理而成的口头生活，是即与佛无关，亦与学佛无关。

笔者对这观修所依的四重缘起已有宣说，今且不赘，现在只需知道，必须四重缘起重重超越，至最后超越"相碍缘起"而成无碍，才能见到一切诸法的本性自性空，那就够了。正因为由资粮道到十地菩萨都须依缘起而观，所以佛便必须成立"缘起故空"，由是才能成立观修所得的抉择与决定："因缘所生法，我说即是空""因缘所生法，即是寂灭性"。

由此可见，说"缘起故空"时，其实有两个层次，一个是言说的层次：因为缘起，所以性空，这只能视之为方便，佛有时亦依此方便而说法。另一个则是诸佛密意的层次，超越缘起才能见本性自性空，这是究竟，亦是观修之所依。

可是，当说"空故缘起"时，说者却往往说不出一个道理。佛只说空不破坏缘起，亦即说，智境不破坏识境，并没有说，须要先建立一个空然后才能成立缘起，而且，空的境界根本无从建立，除非将如来法身施设为空。但这样说时，便已经是如来藏思想了，然而凡说"空故缘起"的人，却同时否定如来藏，因此，"空故缘起"的"空"必然不是指如来法身，是则焉能于如来法身之外先施设一个空，然后在空中成立缘起呢？

倘如说，"空故缘起"是说缘起亦自性空。那么，便应该是先有缘起，才有缘起的空，这样一来，便依然是"缘起故空"，不能说为"空故缘起"。说空故缘起，必须先施设空。然而，若未成立缘起之先，是即无物可说，既无对象，焉能便说它的空性。所以，"空故缘起"一说实不能成立。

而且，论者的说法其实亦有点多余，由甲乙丙丁诸法成立缘起，既说一切诸法自性空，那么便已可决定甲乙丙丁自性空，是则，由甲乙丙丁成立的缘起亦当然自性空，因为根本没有一个实法参与，实在不需要更说缘起自性空。所以究其实际，恐怕论者还是落于虚空的概念来说"空故缘起"的空，由是将空等同空间亦不自知。

假如认定"空故缘起"，那便一定要依如来藏而说，如来藏思想认为佛内自证智境界即是如来法身，在这境界中具足如来法身功德，所以一切世间、一切诸法，都可以凭借如来法身功德而随缘自显现。如来法身无可说，只能施设为空，即施设为零（关于这点，后文当说），由是方便而说，亦可说为"空故缘起"。这时，依善巧方便，即说因为有佛内自证智境界，才能成立缘起。由是说，一切缘起所生诸法，只能以如来法身为本性，无有自性，是即本性自性空，虽然这样施设空性，本与缘起无关，但因为跟观修证空有关，便亦可以说为"缘起故空"。

复次，若究竟而言，于观修时若依本性自性而成立空，亦不能说决定本性空才能成立缘生自显现的识境，只能决定本性具有功德，由此功德而成识境的随缘自显现，这样一来，便亦不能说是"空故缘起"，如果要说，只能说"功德故缘起"。这才是实相、真如。

所以说"空故缘起"，其所说空，实未离识境而说，于识境中，空的境界不可说，即使你说"无自性的境界就是空的境界"，那亦只是为辩论而成立的推理，实在对空境界无所形容，这样一来，便只能说空为"虚空"，这便亦是将空等同空间来说，因为说者一定不会依如来藏将虚空说为法身。但其说法实在精巧，不似说"皮包空"的人那么笨拙。不过愈精巧愈容易成为误导，反而说"皮包空"的人，因为笨拙，反而不会令很多人受到误导。

或辩言：说空故缘起，是根据龙树的颂"以有空义故，一切法得成，若无空义者，一切则不成"。然而，这偈颂正须依本性自性来解释，所谓"空义"，即是佛内自证智境界，有此境界，一切诸法才能依其功德而随缘自显现。龙树知道超越缘起得证本性，由《法界赞》《七十空性论》及《六十正理论》等即可知，所以才有此决定见。若如说者所言，空与物质的关系，是以虚空为物质所依处，这样的"以有空义故，一切法得成"，便正是落在空间的范围来说。虽说空为虚空、空寂,恐怕亦是将虚空看成是广大的空际。

假如说,我说的正是"空寂",由于"空寂"才能缘起。那么,空寂与空又有何分别?难不成法界中还有一个不寂唯空的境界,所以才须要特别指出,还有一个既空且寂的境界?如若不然,那便是依言说来作辩护,这样一来,将空与空寂分别,恐怕这绝不是佛与菩萨之所认为。

由于将空说为虚空,这问题有点复杂,将在下文更作讨论。

五、虚空与空

将空说为虚空,可以用密勒日巴的一个故事来说明。这故事见于张澄基译注的《密勒日巴大师全集》,现在节录如下,主要依张氏译文:

密勒日巴住在雅龙,因为印度大成就者达马菩提①向他供养,所以便受到当地人的尊敬。当地有一所研习因明的寺院,该院僧众对尊者十分不满,寺院中有两位主要法师,一名罗顿,一名热顿,决定要赶走密勒日巴,因此要找他辩论佛法。他们两人连同达罗法师便走到尊者的住处,说是来朝礼尊者,要求跟密勒日巴见面。一见面,为首的和尚便昂首起立,伸出手掌,弹指咔嚓一声响,问密勒日巴:"你先告诉我们,你这样毫无忌惮地受人供养,究竟心中有什么把握呢?"密勒日巴用唱歌的方式,告诉他们自己所修的密法与见地,末后说:"我乃积资瑜伽士,通达供施无自性,乃能受供善福田。"

三个和尚听了很生气,便质疑他的观修,如何修本尊,如何修气脉明点,尊者又唱歌作答,中有句云:"乐明无念自成就,心中疑结自解脱,法与心合离言说,子母光明融一味。"又说:"有漏贪炽蕴界灭,显空不二②心乐然,证空不堕知解境,现见空性心乐然,一切无明与迷乱,消入法性大乐哉!"

和尚听了说:"住在地下的齦鼠,也能冬眠四个月身不动摇,这是它们天生就有的'气之功德',可是这些畜牲的'心之功德'却微细得不及一根马尾巴!所以你的气功也正是如此!"于是便要尊者详细说明他观

---

① "达马菩提"是张澄基先生的译名,相对梵名应即 Dharmabodhi。
② "显空不二",笔者常译为"现空无二",二者为同一名词。

修的大手印。尊者于是唱歌说:"我修大手印观时,心住本然离造作,无散乱中松松住,空性境中明朗住。"三位和尚于是顶礼,密勒日巴便传了一些修持口诀,据说他们后来都成为比丘瑜伽士。

这是密勒日巴与法师之间的第一个故事。故事中说到"显空不二",然后"证空不堕""现见空性",至于"心住本然",是即住入本性,这便是依如来藏而观修的境界,噶举派的大手印,实亦用如来藏思想为见地。所以密勒日巴的"现见空性",实亦为现见本性自性空。

第二个故事说,雅龙人举行大宴会,乡民邀请密勒日巴主仆及寺中和尚参加,在一边为罗顿、达罗两位法师设座,一边为密勒日巴设座。和尚见密勒日巴的弟子大口饮酒,毫无威仪,于是罗顿便走下法座,站在尊者面前,要尊者在大众面前立一个因明量。这个要求,实在是认为尊者他们不能依因明来解说佛法,只是懂得观修气脉明点的瑜伽士。密勒日巴于是答道:

> 师傅啊!你最好是不要贪著语言文字,在禅定中,心住本来法性;于四威仪中随治烦恼。这样就能产生正确的功德。不然的话,心为妒忌和五毒等烦恼所使,将会造致堕入三涂的果报的!所以不要自焚身心才好。至于你们教派中所说的"因明",我是不懂的。我自己的"因明"是依止善妙上师;请求"因明"口诀,依仗"因明"精进,在"因明"山谷中修行。这样就会在身心中产生修持的"因明"暖相;于是我就自然成为具足信心的施主们之"因明"福田。你因贪着于说教的"因明",因而生起了妒忌"因明"。将来可能会堕入地狱"因明"去遭受痛苦"因明"的啊!舍此以外,其他的因明我是一概不懂的。

我们详尽地引录译文,实在想表达出如何现证空性。密勒日巴的回答,即是不住"因明"。因明对思维有用,但对离言则有害。所谓离言,即是舍离识境的名言句义,因明则恰恰是用名言句义来推理,是故欲证本性自性空，便非舍离因明不可。同样道理，对于"空"，亦不能用"虚空""空寂"的概念来理解，一如观修的行人，不能落在"因明"来作抉择与决定。

现在我们只引用译文中所说的最后一个故事。

密勒日巴对和尚说："法师啊！俗话说得好：'是否吃了东西，看看脸颊上的红色就能知道。'是否懂得或修持了佛法，看看能否克服烦恼及我执也就晓得了。如果能降服烦恼和我执，那就表示此人懂得佛法，也修持了佛法。否则，纵然能够在谈话中全占上风和赢尽一切辩论，而对烦恼及我执却丝毫不能遣除，这种'佛法'只是邪知和邪行而已。这种空言的说法纵然能够胜利，却必定会更增强自己的我慢，因而会成为长期流转轮回和堕落地狱之因。所以我认为这种说法和辩论是有损无益的。……现在话已说完，请各位回去吧！"

这一段话，对认识空与空性十分重要，若用"空言的说法"（即非依观修而说法）来说空，无论说得多么好听，文字排列得多么齐整，依然不能令人脱离烦恼和我执。为什么？因为完全是落于识境的名言与概念来说，与佛的内自证智毫无关系。既然与佛智无关，便依然是凡夫的哲学。佛智与凡夫哲学的分别，只在于前者舍离名言句义尽，后者则住在名言句义中。

现在，我们再接着看这故事的下文。

那些和尚听了尊者所说后依然认为，如果回答不了法上的辩难，那就是愚痴，所以坚持要辩论佛法，并请尊者先提出问题，提出自己的宗义。尊者于是提问道："虚空是有碍法呢，还是无碍法？"

达罗答道："从来还没有人问过这种问题！但是我刚才已经说过，你提出任何问题我都要回答，所以我的回答是：'虚空当然是无碍法。'除此尚有别的可能吗？"

于是尊者便入"虚空坚固三摩地",对达罗说:"请你站起来走动一下,把四肢伸缩活动一下。"达罗就试站起来,谁知身体丝毫不能移动,就像四周有坚固的实质包围着自己的样子。尊者于是腾身空中行走、践踏、卧倒、趺坐,就像在实质的地上活动一样,然后对达罗说:"你方才说虚空决定是无碍,但现在事实证明虚空却是有碍法。"

尊者又说:"你要我立因明量,我现在便说:眼前这块大崖石是无碍法。你认为如何?"

达罗说道:"除非是你用邪咒或魔术,崖石当然是有碍法。"

尊者即契入虚空遍处三昧,身体随意穿过崖石,上入下出,下入上出,此入彼出,彼入此出;或半身隐于崖石,半身露外面,再穿石落地。最后尊者掷大崖石于空中,崖石下降时尊者以手托住,吩咐弟子拿一个柱石来,于是将崖石放在柱石之上。

达罗认为这是咒术,不能作为因明的量。尊者于是对他们开示六波罗蜜多及十波罗蜜多,然后说:"佛陀薄伽梵于契经中曾经说道:'清净如来藏,遍满诸众生,一切诸众生,即是真佛陀';又说:'一切有情皆佛陀,惟为率尔无明遮,破彼无明即成佛。'"如是,经过辩论之后,这些法师和尚便诚心皈依密勒日巴了。

在这里,因明家可能会质疑,密勒日巴入三摩地,使虚空变成实质、使崖石变成虚空,那并不是世俗的现量,只能说是定中的境界,因此,会不忿密勒日巴调伏因明法师的方式。但如果懂得四重缘起中最深密的相碍缘起,便当知道,密勒日巴其实即是依相碍缘起而作示现。

所谓相碍,亦即是事相显现的缘。于世俗中,虚空显现为具足空间、崖石显现为无有空间,那是在我们这个识境世间中的任运圆成。若任运的缘改变(如依三摩地力),虚空的圆成就会显现为无有空间的实质,崖石的圆成就会显现为具足空间。这依然是因缘所生法,所以不能依世俗的现象来否定。如果因明家一定要否定,那么,就须要否定禅定的境界、三十七菩提分的四神足,以及佛陀所见的真如。

密勒日巴之所为，目的只有一个，显示不能根据世俗的名言与句义来认识事物，一定要离开名言句义，然后才能见光明空寂的自心。

前面已经说过，不能由空言说法来认识空与空性。什么是空言说法呢？那就是只说一些与修证无关的说话、与成佛之道无关的说话，完全依着名言与句义来推理，他们的推理可能有因明理则的依据，然而所立的宗，唯落名言句义边，这样一来，无论如何引经据典来演绎，亦只是冠冕堂皇的理论而已（看互联网上许多依言取义而说空的文章，就有这个感受！），因为完全与佛无关。既不能依此成佛，亦不是佛的现证，更不是佛的境界，实不能称为佛法或佛学。

对于空，他们一定以为自己并非依"虚空"来说空，然而他们必然有虚空与非虚空的概念，而且亦必然落在此概念中来理解佛所说的空，最少亦必将虚空来比拟空，因此才会流出"空故缘起"这样的说法，当这样说时，他们是依空间有一物，在此空间中便不能另置一物这样的概念，来成立自己的说法，因此必须有一个空间，然后才能在这空间中生起因缘所生法。如是引申，便成为"空故缘起"了，若不空，即无成立缘起的可能。

笔者这样说，可能会引起诤论，他们可能说自己并非依虚空来说空，只是依无自性来说空。缘起无自性，由此无自性才能缘起，所以说为"空故缘起"，这样辩论时只能说是诡辩。缘起无自性，一切诸法亦无自性，如果因为缘起无自性，便可以说"空故缘起"，那为什么不可以因为一切诸法无自性，即说"空故一切诸法"，而偏要说"缘起故空"呢？

起诤的人可以说：先要说"缘起故空"，然后才能说一切诸法无自性，因为一切诸法由缘生而成假有，是故无自性空，所以便只能说"缘起故空"，不能说"空故一切诸法"。这样的答辩，便将缘起与诸法看成是不同时成立，如是即落于三时分别，违反佛之所说。若依此修证，便须将缘起与诸法分别观修，先观修诸法如何依缘起而空，再观修缘起如何依"什么"而空。笔者在这里便要提出一个问题：这个"什么"到底是什么呢？唯一的可能，便是虚空。

说到这里，读者便应该理解"空"与"虚空"的问题了。

总结来说，若唯依名言句义，违反观修，可以说"缘起故空，空故缘起"，这充其量只能当是方便；若依离名言句义的观修，则必须由缘起成立有，然后超越缘起来说空，如是则为："缘起故有，超越而见性空"，这才是缘起与性空的相互作用。这说法在文字上排列得很不整齐，但并非整齐才是真理。这样说时，缘起与有实在同时，只是在观修时，不需观一切诸法自性空，只需依重重缘起的超越来观缘起，当现证超越时，诸法自性空便自然同时成立。在这里，不牵涉空间，亦不牵涉虚空，甚至不牵涉空寂而得空寂，因为重重缘起超越，即是名言句义的超越。

现在，用《无边庄严会》中佛的开示，来总结本文：

> 无边庄严，此中菩萨住遍清净善巧之智，行于辩才，由义觉慧观察诸法本性自性。然一切法自性无住，无名无相无所建立，无边建立不可宣示，但以世俗言词演说。所有诸法本性自性皆不可说，无来无去无有文字。文字清净无有功用，何以故，诸法本性等虚空故。一切诸法亦复如是，无作无起无相清净，以虚空开示演说。此则诸法无门之门，门清净故，究竟无染，亦不随染。何以故，诸法究竟不生不起，所有自性亦不生起。

这段话是接上文说陀罗尼门而说，菩萨入陀罗尼门，即是"住遍清净善巧之智"，是即得到一个证量，这证量"遍清净"，但非究竟，所以说为"善巧"。因为既遍清净而又善巧，所以便可"行于辩才"，"辩才"即是说法，亦可说为"遍清净善巧"。

"行于辩才"而用"义觉慧"来观察诸法的"本性自性"，即是菩萨之所当为。什么是"义觉慧"呢？"慧"亦是证量，佛的现证称为智，菩萨的现证则称为慧。此慧，由义而得本觉、由所缘境（义）而得本觉，所以称为"义觉慧"。成立"义觉慧"这个名相，是为了跟佛的内自证智作区别。

于说法时，须知此义觉慧亦无可表达，只能用"世俗言词演说"，而且"诸法本性自性皆不可说"，本性自性"无来无去无有文字"，所以，便只能"以虚空开示演说"，因为"诸法本性等虚空故"，如是即为"诸法无门之门"。

在这里，说诸法本性等虚空，其实即是说诸法本性等同如来法身，并不是说诸法本性为空。凡在了义经中说"虚空"，必指如来法身而言。因为施设如来法身为空性，所以比喻如来法身的虚空才可以说之为空。当我们将"虚空"等同"空"时，必须如是了知，若贸贸然以虚空为空，而不知如来法身及如来法身功德义，那便是错见。这是抉择"虚空"与"空"的要害所在，佛称之为"末摩"（marman）。

六、空就是零

说空有两个重要的盲点：一个是前面说过的"彼此空"；一个是"断灭空"。彼此空是由"彼"无有而说"此"空；断灭空是，由"无所有"来遮拨识境，且以为这样就能出离世间。要去除这两种空，必须知道"空"到底是什么。

或者说，不是已经说"本性自性空"了吗？

说本性自性空还不够，因为对"空"未能了知，就不可能知道一切法以本性为自性，到底是怎么样的一个境界。于此境界不知，便依然落在"空"的名言上，这样一来，于观修时便受"空"所缚，执一观修境界为空的境界，由是即受此境界所缚，究竟不能解脱。

空的梵文是śūnya，原来的意思便即是零（0）。如果要问空是什么，在言说上，便可以直截地回答：空就是0。所以空的境界，便是0的境界。

也许有人会说，空的境界，佛说不可思议，那怎样可以将空说成为0呢？提这问题，依然落在名言边。0其实亦不可思议，研究数论的人一定知道这点。即使不依数论，若仔细思维，便亦知0不可思议。例如，同样是0，可以将数字变大，亦可以将数字变小。所以，由0可以变成无限大，亦可以变成无限小。数码可以思议，1就是1，2就是2，但如果将0等同数码，便可以说，1不能将数字变大，亦不可以将数字变小，由1的变动不能变成无限大，亦不可能变成无限小。（关于这些，参考下文说0的定位便当明白。）

也许有人又会说,空不是虚无,所以空不是0。那便是将0当成虚无了,在数理上,0一点都不是虚无。如果认为虚无,十进制就不假成立。这就关涉到"0性"(空性)的问题了。

空,其实只是佛施设出来的言说,施设是为了沟通,佛不施设"空"这个名言,便无法将密意表达,便无法说出佛内自证智的境界。正因为空只是假施设的名言,所以佛一直强调,不能落于"空"这个名言之上理解空,若落此名言便无可救药,比执"自我"的人更难调伏。在言说中,0的性质最可比喻为空的境界,所以佛便直接用0这名言来表达佛内自证智的境界,这境界本无可说,不可思议,也即是绝不能用识境的名言概念来形容它,现在只是在本无可说的情形下,姑且说之为0。

依佛密意,我们可以将佛说的0,看成是如来法身,看成是佛内自证智,看成是法界,这三者其实都是同一境界。当我们想说出佛的身、智、界是什么一种境界时,便只能施设为0。所以说佛身、智、界空,只是施设,不是真实。

依此施设,我们就可以依着0的性质来理解空性。

0有什么性质?第一,他不代表任何数目;第二,他可以定位任何数目。这恰恰便是空性的涵意。我们可以将佛内自证智境的本性,跟0性(空性)作一比较,在比较中,0代表佛内自证智境,数码代表识境:

一者,佛内自证智境界不是识境所能显现的境界,这就有如0不是任何数码、不能由数码将它表达。

二者,一切识境世间以及识境世间中的事物,都能依佛内自证智境界(或说依于法界),以此为基,复依缘起而成显现,这就有如一切数目,依0为基,由0定位(依相碍缘起),如是随着由1至9的数码组合而成数目。

所以世间一切法,都可以说由空性为基,定位而成。例如我们的世间,便给定位为一度时间,三度空间,因此一切事物便显现为由幼至老,而且必须成为立体。再说，在识境世间中，可以随缘显现为人，可以随缘显现为蚂蚁；可以随缘显现为山，可以随缘显现为海；可以随缘显现为森林，可以随缘显现为草地，这都可以说是由空性来定位。

不但世间一切法由空性定位，出世间一切法亦可以说由空性定位。很简单，佛内自证智境界既已施设为空，便即已受空性定位。因为当将佛内自证智境界施设为空时，这境界便自然具有空性。

在这里须要注意，识境的成立，以及佛内自证智境界，是由"空性"来定位，亦即依空的性质来成立，不是由"空"来成立，只是在言说上，我们将空性定位出来的境界，说为空的境界，一如依 0 的性质而定位的数目，说为依 0 而定位。

正因为由空性定位世间出世间一切法，所以龙树才会说："以有空义故，一切法得成，若无空义者，一切则不成。"这里说的是，一切法依着空性（空义）而成立，能成立一切法的，便是空性。也即是说，人能认识的只是空性，而不是空这个境界，空这境界（如实而言，应当说"佛内自证智境界"），须成佛时才能现证。

关于 0 性的定位，可以说明一下。

例如 1234，我们看见这个数目，就会理解是"一千二百三十四"。1 这个数码为什么会变成一千、2 这个数码为什么会变成二百、3 这个数码为什么会变成三十、4 这个数码为什么会变成单位四？这便完全是由 0 定位的作用。因为在 1 这个数码背后有四个 0 将它定位，成为 0000，1 占据着首位，所以便是 1000，在数目便是一千。其余的定位亦同一道理。

我们说空性，亦可以依 0 的定位性来理解，由此理解，也便同时理解了 0。所以对于空，亦须由空性来理解，倘若反过来，由空来定义空性，由于空的真实状况根本无法用识境的语言来说明，所以便连空性亦无法理解。

是故龙树在《中论·观如来品》中说："空则不可说，非空不可说，共不共匚说,但以假名说。"由此可知,由空性来理解空是正见,若由空来说空性,则实不可说。因为这样,我们在本书中所解释的其实只是空性,并不是直接解释空,对于空,唯有依空性来理解;观修空,其实亦是依空性来现证。

说 0 不可思议,亦可依定位来理解。

此如数码 1,由 0 定位,可以是 10,以至 10000000000……显现的数码是 1,但却可以变成无限大。假如是 0.1,亦可以定位成 0.00000……1,这样便成无限小,而显现的数码亦无非只是 1。这样便是定位的功能,也可以说是空性的功能。

所以由如来法身功德成就识境,说是无量无边。无量,即是其量无可限制;说是无边,即是其定位不落边际,有如数码,0 的定位不落大边,亦不落小边,同时,0 的本性,亦不落有边,不落无边。0 不显现为任何数码,即是不落有边;0 上有数码自显现成为数目,即是不落无边。

由 0 不代表任何数码,而可定位任何数码而成数目,即可说如来法身凭借功德,虽不造作任何识境,但却可定位任何识境而显现一切诸法,亦即可说,空虽非识境,但凭借空性而可定位一切识境,成就识境中一切诸法。必须依此理解,才能对空起正见,否则必落边际。倘若不依观修来理解"缘起性空",唯依名言句义来推理,即使符合因明、正理,实在亦已经落边。无论落"缘起"边、"性空"边,或"缘起性空"边,都无非只是识境中事,是即落于识境边际。学佛既须离识境,却偏住于识境中企图悟入胜义,一旦执为宗见,便终身不得究竟。

所以,理解空即是 0,由是理解如来法身以及如来法身功德,并由此本性而说一切诸法自性空,实在是学佛的人必须了知的事,除此以外,说空都不得究竟。

在《无边庄严会》中,佛说:"无边庄严,汝今当观一切诸法,本性皆空,自性寂静,无有作者",所说即为究竟。知本性皆空,于是一切诸法自性空,其空,实离名言句义而空,不依任何施设而空,所以说"无有作者"。如此说来,依"缘起"而说"自性空",实在已将"缘起"说为"自性空"的作者。已经说过,仅只于言说上认可,于观修上则成边见。所以观修时才重重超越缘起,重重成立缘起有与空性,如是空有双运,才能避免说"缘起性空"而落边。

笔者强调不能将"缘起故空,空故缘起"视为理解空性的见地,并非否定方便的言说,而是强调这方便说,容易令观修行人由执著言说而落边,于是便成为跟佛学、佛法、入佛道,以至成佛都无关系的见地。

七、缘起与自性

今人说空性,多由缘起与自性而说,这里且一谈这两个名相。

说缘起,宗喀巴大士说得最为透澈,他的《佛理精华缘起理赞》有现代译本,由多识活佛译出,现在即依其译本略加宣说。

为什么要说缘起,宗喀巴有偈颂说:

　　　　世间中的一切忧患　　其根源是心智愚暗
　　　　明见此理可以根治　　故此讲说依存因缘

通达缘起理,才可以去除心智的愚暗,由是去除一切忧患。缘起理即是一切诸法的"依存因缘",由此依存才能成为有,亦即成为存在或显现。知一切诸法如是而有,对识境世间便能洞察,由是不至于为世间的名言句义所缚,这样才是"出离"。所以通达"缘起理",即是通达"出离理"。

不知缘起与出离的关系,便常有谬说。多识活佛便引过一个例子,笔者且借之举例。

有一位声名响上云霄的儒释道大师,讲空的时候说:"像手表,没造之前就没有手表,手表坏了以后,也没有手表,这就是物我的空性。"

多识活佛批评道:"怎么能这么讲呢?这种程度就不需要用哲学的高度来理解,任何人都可以理解到了。如果任何人都可以理解的话,那么为什么佛还要花这么大的工夫来宣扬这个东西呢?为什么说悟了以后才能知道这个东西呢?为什么说离戏论呢?"

这个批评十分正确,不能因为这位大师有很响的名声,就不加以批评。如果不从缘起来实证一切诸法本性自性空(大师说为"物我的空性"），那就根本不能说空。这位大师更错的是，落于生灭现象来说空，如果空可以由现象来说，一切佛家经论都无须成立，在笔者的家乡，连老太婆都懂得说："金也空，银也空，死后何曾在手中。"这也便即是大师所说的"物我空性"了，如果正确，笔者家乡很多老太婆都应已成佛。多识活佛说的"离戏论"，才是真实的出离，亦必须理解缘起，才能离戏论，作种种谬论的人，便恰恰不知道这一点，根本没有围绕着"出离"这个主题来说空，这样，便不知道成立缘起的重要。

此外，笔者还看过另外一位大师对着千余人说法，他怎样说空呢？他说：皮包空才可以盛东西、车厢空才可以载人，这就是"真空妙有"了。这样来说空，便如老太婆说空都不如，更不要说离戏论了。

宗大士有偈颂说：

> 从来没有一样事物　不是依缘存在之物
> 所以没有一样事物　不是自性空无之物

宗大士一定经过观修，然后才作出这样的结论，他绝不是空言推理。一切诸法依缘存在，观修时依缘观察，于是重重缘起超越，得究竟决定，无一法不是自性空，这就不是从识境的现象来作决定，而且当重重超越缘起时，便是重重离戏论，由此观修才能成出离。这就不是那位大师所说，亦非老太婆所说，因为是离现象的名言而得决定，并不是依生灭现象来说"物我的空性"。

而且，若依识境现象来理解空，一定陷于有、无的边际，那位大师所说的便是有手表与无手表，老太婆所说的，便是有金有银与无金无银，既落有无边际，自然不能出离，所以在《入楞伽经》中，佛才指出，说兔无角，说牛有角，都非中道，必须去除"角"这个概念，然后始能证入中道。如果落入现象的边际，可以说兔无角、牛有角是现量，怎能说错，然而，正因为这现量落于识境边，所以只能是识境边际的真实，而非佛所说的中道。

拿"缘生性空"来说，必须"缘生"与"性空"双运，才能离有无边而离戏论。宗大士有偈颂说：

　　　　因视一切依缘而有　故不陷入绝对有无
　　　　这是救世佛陀之言　所向无敌原因所在

这即是说，"缘起有"并非绝对的有，当然亦不是绝对的无，是即双运。更说：

　　　　凡这一切均无自性　但从缘合生相应果
　　　　根本对立两种性质　互不妨碍相互依存

　　　　没有比这更奇妙事　没有比这更高超理
　　　　以您宣扬此理作赞　那是绝妙无比赞词

所以"缘起有"与"自性空"并非相对而建立，实在是空有双运。正因为是双运，所以看似独立的相对，是即可以并存。宗大士还用一个偈颂来指示我们：

　　　　自性绝对不依作用　因缘相对作用形成
　　　　互不相容两种性质　一物之中如何并存

这偈颂便是宗大士由观修所得的决定。对于"自性空"的"自性"，宗大士将之决定为"绝对，不依作用"，是即对所空的自性立一决定见；对于缘起的"因缘"，宗大士将之决定为"相对，作用形成"，是即对缘起的因缘立一决定见。这些见地必然是由观修而得，否则不能说得这么斩钉截铁。犹记当年，敦珠法王曾谈到《缘起理赞》，便以此两句偈文为例，说观修的抉择与决定，所以宗大士的偈文一定不是言说上的推理。

先说"因缘"这一句偈，不能因为宗大士在颂文中提到"众缘和合"，便以为他只说"业因缘起"（格鲁派称为"相连缘起"），与笔者所说的四重缘起不合，宗大士说缘起并非只说一重，在《中论广释·正理海》（Rigs pa rgya mtsho）中即说：

　　　　此说为差别事缘起者，可解释成有为法之缘起。彼复说为"相连"(phrad)、"相对"(ltos)、"相依"(rten)等三种异名。

如是以说"于一切所知之生起",即认为对一切所知皆依此三种因缘而生。既然这样说,可见他不可能唯依相连缘起而作观修。

那么,为什么宗大士又说"因缘相对"呢？实则四重缘起都可视为相对。于业因缘起,房屋是"自"、砖瓦木石是"他",自他即可视为相对；于相依缘起,说"父"名依"子"名而有,是故说"有子始有父",父子二名亦可视为相对；于相对缘起,或说有长始有短,或有短始有长,长短当然是相对；至于相碍缘起,藉如来法身功德,任运而圆成一切诸法,若落言说,法身功德为智境,一切诸法为识境,智境亦可说为与识境相对,所以,当述说颂文时,宗大士统称之为"因缘相对",并非只说"因缘和合"这一重缘起。

现在,回头再说"自性绝对不依作用"这一句。

"绝对"即是离二法(离相依相对),亦即唯一,凡因缘所生法,必非唯一,所以一切缘起有,便必非绝对。如是决定,即可由观修而现证,一切诸法非唯一而不成自性。

"不依作用"即非由事物的相互作用而成,如由长成立短,即依二者的比较,比较便是作用,所以短,是依长的作用而成,反之亦然。现在说为自性空的自性,是不依作用的自性,亦即不依缘起的自性,然而一切"缘起有",必依缘起作用,所以可以决定这样的自性为无有,由是观修而现证,一切诸法即非不依作用而不成自性。

宗大士在《缘起理赞》中虽然没有提到"本性自性",但他赞叹道：

您亲预言准确解说　无比优越大乘之法
排除有无二边戏论　龙树理论夜荷花田

既然说到"大乘之法",那就应该不排除本性自性之法。现在我们且用宗大士的说法来观察"本性自性"。

本性是佛内自证智境界的自性,这就符合"绝对"。佛内自证智只能是唯一,不与识境中任何名言句义相对,而且,佛内自证智境界亦绝非与识境相对,这就符合宗大士"自性绝对"的决定见。

佛内自证智境界当然不依任何作用而成立,正因为凡夫心识依于作用,是故才有无明,因此,这亦便符合宗大士说自性"不依作用"的决定。

由此两种观察,便可以说,将自性说为本性,这自性便可以成立,而且是离一切戏论而成立。因此在言说上成立本性,说为超越缘起的自性,亦即法身的自性、佛智的自性、法界的自性,便正符合宗喀巴大士所说的缘起理。

宗大士说"佛法三根本",首说出离世间,因此,他当然是依出离世间而说缘生性空,亦必归结为本性自性,才能令世间名言句义尽,才能无舍离而成出离。依笔者的体会,这应该即是《缘起理赞》的密意。若依缘起而知空性,必须了知这两句偈文:"自性绝对不依作用,因缘相对作用形成。"

《缘起理赞》有一颂说:

> 如此珍贵无比之法　却被学浅无知之辈
> 搞得如像马兰花草　交错倒置乱无头绪

这是宗大士的甚深感慨,譬如皮包空、手表坏,如此说空,便是马兰花草,甚至说"空故缘起",亦有马兰花草的嫌疑。

八、三种心境界

由心观察诸法，有三种境界。依次第是：唯识宗的"唯识无境"、华严宗的"一切唯心造"、如来藏的"唯心所自见"。这三种境界皆依空性而成立，然而唯识宗只依识境空性、华严宗所说的空性则周遍法界、如来藏系统所说的空性，不仅周遍法界，而且是依智识双运而说。这即是三种境界的分别。

一者，先说唯识宗。

说"唯识无境"，若通俗而言可以这样解说：外境唯藉心识而成变现，心识不同，变现出来的外境亦不同。依唯识宗的举例，譬如人见为水，饿鬼见之则为脓血。同一事物，何以可见为水，亦可见为脓血，这便是因为人的心识与饿鬼的心识不同而致。至于心识与业力习气有关等等，姑且不论，现在只需要知道，水能随心识成不同的种种相，便可以定义"唯识无境"了。无境是说外境不实，由此不实即可说之为空，因为不实即无本体，这是依本体而说空，非如中观宗依自性而说空。

但如果光是这样来理解"唯识无境"，却可能误会，以为是脱离缘起而说一切诸法空。其实，唯识宗亦依弥勒瑜伽行说"三性三无性"，所说三性的"遍计自性""依他自性""圆成自性"，实在都是缘起。一切法由遍计而成为有，此遍计即依因缘；一切法依依他而成为有，此依他即是相依、相对，是故亦是因缘；一切法依圆成而成为有，这更是如来藏所说的相碍缘起，一切法都要适应相碍然后才能圆成，这适应称为"任运"，所以说为"任运圆成"，这便是圆成自性的究竟义。倘如能这样来理解唯识宗之所说，便不会将"唯识无境"看成是跟龙树论师所说的"缘生性空"为异调。

成立"唯识无境"，实在是成立心识与外境相依。心识的功能是分别，分别的对象是外境，用佛学名言来说，心识是"能分别"，外境是"所分别"。"唯识无境"即是说："所分别"不能离"能分别"而成显现，因此决定：外境不能离心识而成变现。

当这样决定时，便引出一个问题，若外境不在心识所缘境内，那么，这些外境是否亦是"唯识无境"呢？如果是，那么怎能说外境由心识变现，因为这外境已非心识所缘境（已非对境）；如果不是，那么便有两种外境，一为行者心识之所缘，"唯识无境"、一为行者心识所缘以外，是非"唯识无境"。这样成立，并不合理。

对于这个问题，我们可以这样来观察：

"唯识无境"所说的"境"，不错，唯指对境，若非心识所缘，其外境如何，便不是"唯识无境"范围之内的事。不过，说心识所缘，范围亦包括认知，所以亦包括由名言句义而成立的一切法，非只是眼、耳、鼻、舌、身、意之所缘。例如原子，非眼等所能现见，但我们却可以由科学得认知原子的概念，心识依此概念而缘原子，此原子便亦在"唯识无境"范围之内。所以"唯识无境"的范围实已包括一切法，因此，不能说唯识家有两种外境。

如实而言，"唯识无境"实在是为了观修而成立，行者观修必有所缘境，如观虚空、如观本尊，若将所缘境执实，那么便成为观修上的最大障碍。所以，未说唯识无境的观修，对于虚空，便要说：如果虚空实在，那么便应该看见飞鸟足迹，如是破行人对虚空的实事执。更者，因为行人常将虚空当成是空性的境界，执虚空便成空执，以空为实有，并且认为观虚空即是现观空性，现在一提出"唯识无境"，决定虚空既是所缘境，无非亦唯识变现，于是行者的空执即可解除。所以观修如来藏的行人，于入手时，亦必依唯识为道，由"唯识无境"来简别外境。因此，若否定唯识,对修行实成障碍,所以《大般若经》亦说三自性,《入楞伽经》亦说八识。

但由"唯识无境",又可以引出一个观修上的问题,这个问题实在很严肃,并非有意启诤。

心识所缘的对境虽非实有,然而,能缘对境的心识是否实有呢?

唯识宗的说法很简单。对境是所知,心识是能知,若所知不是实法,能知便当亦不是实法,所以《辨中边论》说:"依境无所得,识无所得生。"

对这说法,中观宗论师便有诤论。

中观宗论师普遍认为,唯识宗只能说外境不成实有,但心识则是实有。唯识宗论师当然对这说法不服,因为他们已经说"识无所得生"了。可是中观宗论师却可以依观修来起诤:

你们是先由"心识非实无",然后才能成立"外境非实有";接着,你们又根据"外境非实有",来成立"心识非实有",这样,实在是由两次推理来说外境与心识都非实有。可是推理的根源,却是"心识非实无",因此你们实在是将心识视为实事。最好的证据便是你们成立"自证分"。

"自证"应该即是对"对境"的决定,你们将"相分"定义为所知、"见分"定义为能知、"自证分"定义为能知之智,所以说相分如布、见分如尺、自证分如能知量度尺寸之智,这样一来,即使依你们的推理,最多也只能说,能知的心识随所知的对境而成无有,不能推理而说:知道量度数目的心识亦为无有。因为这"自证分"的对境并不是布,而是布的长短。

这样一来,除非你又拿"布的长短"为对境,然后再由见分、相分来说"唯识无境",这样"布的长短"不是实事了,于是,你又再用"依境无所得,识无所得生"来说缘布而自证的"自证分"无有,这样,才能证明不以心识为实事,可是,这时候缘"布长短"而自证的"自证分"又在哪里呢?如是,辗转相求,即成无尽,这显然不是观修之所为。

由这质疑,所以一切中观师都认为唯识宗有实事执,执心识为实事,至今尚未见唯识家作出有力的辩解,他们只能引经据典,说自宗亦说心识无有。

关于这些净论,已经纠缠了千百年。但若参考《显扬圣教论·成瑜伽品》,有偈颂言:

　　般若度瑜伽　　等至无分别
　　一切一切种　　无有分别故

此说于"等至"(定)中,"一切"与"一切种"无分别。此中"一切"指所知境、能知智、能知者,是即相分、见分、自证分,三者都无分别;"一切种"指名相、染净、俱非三种相,一切诸法都在这三种相范围之内,所以,"一切种"可以理解为一切诸法。是即所谓"一切"与"一切种"无分别,便可以理解为:一切诸法、对境、能知对境智、观修等至的行人,都无分别。这样一来,由对境无有,成立心识无有,便变成是观修的决定。如是决定十分明快,若不用"唯识无境"的见地,很难成立于等至中一切一切种无分别。是故笔者认为,若依观修,必须先依"唯识无境",至于纯落在理论边来探讨,可以说为佛学的研究,一切疑问都仅是探讨而已,与观修之所为,关系很少。

次者,说华严宗的"一切唯心造"。
"一切唯心造"不同"唯识无境"。"唯识无境"是指所知的对境必相应能知的心识而成变现,这时,只是说对境的相,实未牵涉及对境的性,只因为相可变现而无定相,是故说本体为空,因为若有本体就必有定相,所以唯识家从来没有说"唯性无境,故无自性"。"一切唯心造"则不然,实在是由一切法的自性而说,而且是立足于本性自性而说。

说"一切唯心造",若不知本性自性,但说如来菩萨、男女老少、山河大地都唯心造,那便只是高论而已,并未触及"一切唯心造"的真实义。

此事须从头说起。

《华严经》说一切唯心造，是在夜摩宫中，诸菩萨"俱从十万佛刹微尘数国土外诸世界中而来集会"，这是一次超越十方世界的集会，所以在会中作偈赞的菩萨，其偈颂便都与超越十方的如来法身有关，由是对会中觉林菩萨所说的"一切唯心造"亦必须依如来法身来理解。

会中作偈赞的菩萨，除觉林菩萨外，其名为功德林菩萨、慧林菩萨、胜林菩萨、无畏林菩萨、惭愧林菩萨、精进林菩萨、力林菩萨、行林菩萨、觉林菩萨、智林菩萨，他们的赞颂，各个主题悉如其名，今略说如下：

功德林菩萨所赞，即是佛的功德。佛的功德离一多相对，而且周遍一切界，所以说："如此会所见，一切处咸尔""彼诸菩萨众，皆同我等名……所从诸世界，名号亦无别""彼诸如来等，名号悉亦同""一身无量身，其相不可得"，这即是说离一多。由离一多才可以说周遍，因离一多始无范限，更说："十方一切处，皆谓佛在此""如来普安住，一切诸国土""是故佛威力，充遍难思议""游行十方界，如空无所碍"。这即是说佛功德周遍。所说的功德，当然是如来法身功德。

慧林菩萨所赞，是依如来法身密意，由报身、化身佛依识境相显示密意的"慧"。此以法身为智，落于识境则为慧，所以说："为众广开演，饶益诸群生，如来出世间，为世除痴冥，如是世间灯，希有难可见。"众生若依识境相，此如依释迦的言说，只能不落三恶趣，如言："若有得见闻，清净天人师，永出诸恶趣，舍离一切苦"，复须"无量无数劫，修习菩提行"，依如来法身密意而成佛。

胜林菩萨所赞，即是本性自性。由"赫日扬光晖，十方靡不充""诸佛亦如是，功德无边际"，说如来法身功德周遍一切世界，是故成就一切世间。然而，"诸法无来处，亦无能作者，无有所从生，不可得分别"，由是世间一切诸法，实无来处，亦无所从生，唯藉如来法身功德而生，因而一切诸法无有分别，故可决定"诸法无生故，自性无所有"。这便是说识境中一切诸法的自性，实即如来法身的自性，若说如来法身自性为本性，则一切法便是本性自性。关于这些，在《华严经》中多处有广说。

无畏林菩萨所赞,是密意与言说双运境,亦可以说即是如来藏的智识双运境,所以说:"如来广大身,究竟于法界,不离于此座,而遍一切处""专心欲听闻,如来自在力,如是诸佛法,是无上菩提"。如来不起于座,但其言说亦是无上菩提,所以密意不离言说而成了知,因为佛的言说亦不离密意。在这里,是将功德林与慧林二菩萨的偈赞双运而说。

举此数例,便知十位菩萨的偈赞都不离如来法身、如来法身功德而说,所以觉林菩萨的偈赞,实在亦是赞如来法身,由"觉"而赞,即是赞如来内自证智。一切众生心,实有如来法身具在,所以若能自知心中有如来,便即是"觉"。

于众生中以人为例,人实由见心的行相而见对境,这心的行相,实在是依如来法身功德而成立,但众生不觉,于是便依世间的名言句义而认知这心的行相,那便是依识而观、依识而觉,是为识觉,一般称为觉受。若知心的行相,实在是依如来法身功德而成显现,如是认识识境,便知一切显现,非由无明的心识所造,实为法性所造。

在觉林菩萨的偈赞中,将心性自显现说为"譬如工画师,分布诸彩色",那便是依识境的名言句义来成立世间,因此又说:"譬如工画师,不能知自心。"可是,"而由心故画,诸法性如是",是即说,非唯依心性始能成立世间,成立世间的其实是依法性,而且,心性所成立的世间,只是识境的显现相,法性成立世间,则为本然的真实,所以说为实相。

所以"心如工画师,能画诸世间",实在是法性自显现,此法性于心中本来具足,以本来具足如来故,所以觉林菩萨即依决定而言:"如心佛亦尔,如佛众生然,应知佛与心,体性皆无尽,若人知心行,普造诸世间,是人则见佛,了佛真实性。"然则如何得证如来内自证智,则是"若人欲了知,三世一切佛,应观法界性,一切唯心造"。

在这里,是由观法界性来成立一切唯心造,所说的并不是凡夫的心识,不是凡夫的心性,而是凡夫心中本具的如来本性,亦可说为法性。一切法本性自性,是故能造万象的必为本性的心、法性的心,此心由觉而知,故为觉林菩萨所赞。"林"的意思是聚处,觉林菩萨即是佛觉聚处的显现,知此名号即知何谓"一切唯心造"。

现在很多人将"一切唯心造",看成是造物质世界,而且还想证明,有一种"心力"可以创造物质,这实在是对觉林菩萨的诽谤。明明说是"觉林",说是对如来及如来法身功德的"觉",那么,焉能由一种"觉"来创造物质世界呢?

"觉"如来法身功德则不同。由如来法身功德才能成就识境,是即可以说,一切诸法实藉如来法身功德而成立,所以便可以说为,由此"觉心"成立一切法,说"一切唯心造"必须是这个意思。觉林菩萨的赞偈,从来没有说由心可以造物质世界,他只是将心譬喻为画师,说"而由心故画,诸法性如是",心画出来的是心的行相,心的行相则依法性自显现,这才是"心如工画师,能画诸世间"。所以觉林菩萨才会说"若人知心行,普造诸世间,是人则见佛,了佛真实性",这是由法界性而说"一切唯心造",完全与所谓"心力"无关。

成立"一切唯心造"才可以成立"普贤行"。在《华严经·普贤行品》中说菩萨行,说言:"于一微尘中,悉见诸世界""一一尘中有,十方三世佛""一一尘中有,无量种佛刹",因此便是"如来法身藏,普入世间中,虽在于世间,于世无所著""法性无来去,不著我我所,譬如工幻师,示现种种事",这便即是华严宗所说的"法界缘起"。由法界缘起成立,是由"理"成立,并不是由"事"成立。一切诸法由理成立,便不是成立"一因",倘若说由"心力"可以创造物质,那便是"一因外道"的说法。

笔者对此反复申明,实在是不想见到华严教法受到诽谤。

最后说"唯心所自见"。

"唯心所自见"是《入楞伽经》的说法,它固然不同于"唯识无境",跟"一切唯心造"亦有差别。"一切唯心造"是由觉法界而知诸法缘起,因此一切诸法无碍,事事无碍(心性自显现中,一法不碍一法)、事理无碍(心性自显现即是法性自显现),由是成立一切心行相即是诸法自显现。在这里,是将心放在主观地位。当说"唯心所自见"时,心则是客观的觉受。同时,还显示出大平等性。

也即是说,"唯识无境"与"一切唯心造"都有主观成分,只是当说"唯识无境"时,必须先成立心识实有;说"一切唯心造"时,则并不需要将心识作实,心的行相依如来法身功德,此功德本然,依本性自性亦可说为空性,所以在这里,已经成立空性的心。当说"唯心所自见"时,这便是将心视为客观的觉受。可是,佛亦未将心看成是客观的存在,因为佛强调"自现证",既然是"自现证",便当然亦有主观因素,若依佛的言说,这可以看成是离主观客观的中道心。一切法都唯此中道心之所见而成立,这中道心即是一切相对法平等,不但识境中心识与对境平等,即在法界中,轮回亦与涅槃平等、凡夫亦与诸佛平等。

《入楞伽经・无常品》中有偈颂说:

> 一切外道之所说　无义利而唯世论
> 彼所乐著因果见　非由自证而成立
> 唯我所教弟子者　自现证而离因果
> 由是而得离世论[①]

这是成立"唯心所自见"的前提。"世论"不离因果,因为识境不离因果;佛内自证则离因果,因为佛智必离因果。由是,依识境来看世间,或依智境来看世间,便成为外道与佛的分别。所以须先成立"自现证",才能由智识双运来"唯心所自见"。

是故又有偈颂说:

> 无有而唯心自见　二取亦唯由于心
> 能取所取成有境　此则离于常断边
> 凡于心起动乱者　是即说为世间论
> 若时分别都不起　世间即为心自见

在这里,说一切法无有而"唯心自见","唯"的是离世论的"心",亦

---

① 依谈锡永译:《入楞伽经梵本新译》,台北:全佛文化,2005年。

即离识境的心，识境心本质起分别，当证入佛智时，始能"分别都不起"，所以智识双运的心，即能自见世间，且见大平等性。

因此，说"唯心所自见"便即是"幻师见所幻人"，这是很好的比喻。魔术师见自己变幻出来的事物，在形相上，必然与观众所见相同，因此佛见世间一切形色，亦必然与世人所见的形色相同。然而，虽然所见相同，但见地则必不同，魔术师变一个人出来，他洞悉变幻的内幕，自然不会惊讶，观众则会惊讶。这便可以说，魔术师之所见实无分别，"唯心所自见"，观众则落于分别心而见。

接着，还有很重要的偈颂：

> 来谓外境生为事　去则不见于事生
> 若能了知来与去　分别即然成寂息

龙树《中论》说八不，先说不生不灭，再说不常不断，更说不一不异，最后才说到不来不去，这不来不去便即是上引偈颂之所说。

现在说《中论》的学者，常将八不等同，所以他们认为"不来不去"便即是不生不灭，由此偈颂，便可知道这说法不能成立。颂言"来谓外境生为事，去则不见于事生"，虽然很容易给人误会即是说生灭，其实不是，如果是说"生"，便应该说"生谓外境生为事"，现在偏偏要说"来"，足见"来"与"生"实有不同的涵意。

这里说"来谓外境生为事"，是说心性自显现，并不是一般所说的"生"。一般说"生"，只是说外境显现，并不牵涉到心性，但说"来"时，则与心识有关，这里，可以引经文作证。

偈颂之前有大段经文，说有外道婆罗门来跟释迦辩难，释迦说，他所说的一切都是世论（识境的言说），由是置而不答，接着便说及心识，释迦说：

> 简言之，婆罗门，若有识之来去，则现生灭求恋，若受若见若触若住，取种种相，和合相续，于爱于因而生计著，皆汝世论，非是

我法。

这段经文的意思是,见识境的生灭现象,实源于有心识来去,因此,外道婆罗门的种种世论,看来似是说识境中种种现象("生灭求恋,若受若见若触若住"),并由是落于识境而成计著,实际上却是不知一切都是心识的来去。所谓心识来去,便即是一切法在心识中自显现,或显现后更不显现。所以佛家观修必须先认识这点,依此抉择,然后观修。

说得更清楚一点,若落于世论,则唯执生灭现象为实,说来去,则是认识心识现象。心识现象虽然亦可说为世论,但若离世论,则能了知心识实无来去,是即"不来不去",由是入无分别,这就是颂文说的"若能了知来与去,分别即然成寂息"。这便是成立"唯心所自见"的智境。

总言之,识境中一切诸法实依如来法身功德而自显现,由是成世间一切现象,若唯依现象而见,则见有生有灭。若知依现象而见实在只是心识的来去,那么便见到心识的分别(因为去来的分别,便即是心识的分别)。这样才能由"若能了知来与去"而成"分别即然成寂息"的现证。

这便是如下经文之所说:

> 复次,大慧,有异彼者,以一切智,作狮子吼,于智中解说涅槃。涅槃即住于证知无有而唯心自见处,于中不取外境为有或非有,远离四句,住于如实而内观;以唯心自见而不堕入二边之分别。

远离分别心所见,是即依佛内自证智的后得而见,那便是"唯心所自见"。唯心所自见相便是经文所说的:不取外境为有或非有、远离四句、不落二边。

然则如何才能成就唯心所自见呢?

《入楞伽经・集三万六千一切法品》中有大段经文,说菩萨如何能成大修行者,便是依心识与外境而建立四次第,由是现证唯心所自见,这亦可以说是现证般若智、现证空性。此四次第为:观自心所现;远离生住灭想；善见外境无有；求得内自证圣智相。

一、观察自心所现，经言："谓由认知三界无有而唯心"，这是说三界皆依分别心而成显现，是即"由无始时来遍计妄见习气聚所熏，三界由是显现"。菩萨须由观察自心而知分别遍计。这次第亦可以说为相当于宁玛派的业因缘起，因为习气即依业为因。

二、远离生住灭想，经言："谓一切法如梦幻而生起形色，唯实无有生起，以无有一法为自生、他生、俱生故。行者既见外有境唯与心相应，且见诸识无有动摇，三界无非为一复杂因缘网，但唯分别，即可观内外一切法远离属性，于其自性实不可得，是即不成生见。"这是由观察自心进一步观察心识实无动摇，由是远离生住灭想。所谓心识实无动摇，即是心识本无分别，由是认识心识与外境的本然关系，这样便能超越唯识的唯识无境。这次第亦可说为相当于宁玛派的相依缘起，认识心识与外境相依的真实。

三、善见外境无有，经言："此谓一切法如阳焰、如梦、如发网。"见外境如阳焰，即似水非水而似实非实；见外境如梦，即梦境似实而非实；见外境如发网，即为病眼所见，似实非实。是即一切法的有无，都似实非实，于识境中似实，于智识双运的自现证境界中则非实，这亦即是"一切唯心造"之所造，法性自显现一切非实，分别心即可造为真实。这次第亦可说为相当于宁玛派的相对缘起，心性与法性相对，离此相对然后善见外境无有。

四、求得内自证圣智相，经言："见一切法体性宛然有者，实因无始时来由遍计妄想成熟之分别习气起计著。菩萨摩诃萨须于此求得圣智自证。"这说法，便即是弥勒瑜伽行所说的，于相依上离遍计，即证得圆成自性相。这须由相碍缘起来解释。依相碍缘起，说一切法依如来法身功德，适应种种相碍（任运），由是圆成自显现，这即是"任运圆成"，亦即圆成自性相。在这里，已经离开相依相对，亦离开心识而成立一切法，诸法只是自任运、自圆成、自显现、远离生灭、常断、一异、来去，所以是诸佛内自证智相，是即实相。这次第亦可说为相当于宁玛派的相碍缘起。

将上面所说总结,便可以归纳为三句:(1)依识境心性,可以说为"唯识无境";(2)依智境心法性,可以说为"一切唯心造";(3)依佛内自证智,可以说为"唯心所自见"。这三句,亦可以视为佛的三系判教。

由这三种心的境界,便可以知道空性的真实义,亦即可以次第了知,空性不由缘生而成立,实在由超越因缘而成立,所以对"缘生性空"的正解,应该是:超越"缘生",成立"性空",若说"因为缘生,所以性空",那充其量亦只能说是方便言说。

九、究竟离空而说空

欲究竟说空,必须离"空"而说。一如说兔角牛角,必须离"角"而说。

龙树《法界赞》有一颂言:

> 以兔角喻牛角喻　此为如来所现证
> 是故于彼一切法　除中道外无所有①

此颂所说,实引用《入楞伽经·集三万六千一切法品》。为什么"世论"会落于有无二见呢？在经中,释迦说有两种情形。

第一种是执著于"无",外道断言:一切法自性会随因而坏灭,是故无有。释迦说这种见地,有如依分别见而说兔角无有。

第二种是执著于"有",有一类外道依大种、求那、极微、实境而说诸法有。释迦说这些见地,有如执著于兔无角而牛有角。

对兔角牛角,释迦说是"非有非非有",这里说的"非有"并不等于无,这里说的"非非有"并不等于有。"非有非非有"的意思是,当说为"非有"时,同时亦否定此"非有"(故说为"非非有"),二者同时,所以便是"非有非非有",这便是佛的辩证,龙树认为这便是释迦所说的中道,必须依此中道见,然后才能正见一切法,因此说为释迦的现证。

在这里,释迦认为落有无二边便只能成为分别。如何无分别呢？

---

① 依谈锡永译：《四重缘起深般若》(增订版)，第四章附录，台北：全佛文化，2005 年。

并不是在有无之间找一立足点,因为这样一来,这立足点便依然是根据有无而建立。以兔角牛角为例,不能说二者为有,亦不能说二者为无,即使依世间现象说兔无角、牛有角,亦只是识境的分别,因此释迦说,必须去除"角想",亦即去除"角"这个概念,当如是而见时,由于"角"的概念已经寂息,这样便根本没有兔角牛角有无的问题。

这样去除有无的分别,便即是释迦的中道。

去除分别,主要是去除相对。因为一切世论(依识境名言义的立场),实依相对而成立,《入楞伽经》中有一偈颂说:

譬如长短等诸法　唯由相对而成有
若说为有实非有　若说非有实为有①

所以欲去除相对,即须去除世间一切名言句义,譬如"角想"便即是句义,与"非角想"相对。是故经言:

不以不生起分别即成为无有。何以故?以有角想即有分别故。

这是说,不能以为不作分别便是无有分别,一有概念便已经有分别。因此,便须出离世间才能现证中道。经中复有颂言:

分析而至于极微　实无色法可分别
所能建立但唯心　此恶见者所不信

此非理量之境界　亦非声闻之境界
此为悲悯者所说　佛内证之法门

由此二颂即可成立经中之所说,"故由相对立量,不能持之为正量"。由超越相对缘起,住入相碍缘起,见一切诸法任运圆成,是即证入初地的触证真如。这时,依华严宗的说法,即是能见事无碍、理无碍、事理无碍、事事无碍。

---

① 依谈锡永译:《入楞伽经梵本新译》,台北:全佛文化,2005 年。

如上所言，离分别而唯心所自见，即是心识离一切名言与句义而见，如是才能见到本性，同时见到一切诸法的自性即是本性。当施设本性为空性时，便说一切法自性空，这才是究竟说空，亦即是"毕竟空"的真实义。

这样说空，便即是离"空"而说空，因为这里只须施设如来法身为空性，除此之外，并没有任何外加的概念来说空。《入楞伽经》有大段经文说：

> 大慧，譬如明镜无分别顿现形象，大慧，如来清净一切有情亦复如是，无分别顿入无相境界；大慧，譬如日月以光华顿照一切色法，大慧，如来令一切有情离颠倒见所成习气，彼由此习气而接受心现之外境；大慧，亦复如是，顿向一切有情示现不可思议佛智境界；譬如藏识顿现自心所见之身、资具、住处境，大慧，等流佛亦复如是，顿成熟有情内心，安置彼于色究竟天宫殿，作种种修学；大慧，譬如法身佛以光辉照耀而顿成等流化身佛，大慧，亦复如是，自证圣智顿时照耀，离有无见。

这里的明镜喻，即是说一切影像的自性，皆以镜性为本性，由此即能入无相境界。诸佛如何教导有情无分别，则有三身的教法：

化身佛的教法是，如来令一切有情离颠倒见所成习气，离此习气，才能离名言句义而接受心现之外境。

等流佛的教法是，令有情知一切色法的究竟，由是心识顿现自心所见，一如凡夫依于藏识，顿见自心之所见。

法身佛的教法是，自证圣智照耀，究竟离有无见。

如果说要观修空性，必须依经所说而观修。这里却须注意，行者并无作意观空，只是次第离识境的名言句义，便能次第成就唯心所自见，及至世间名言句义尽时，便究竟离有无见而唯心所自见。这样观空，实不离识境而观空，因此分别说为现空、明空、觉空。

龙树在《法界赞》中，有一颂说：

> 庄严住者具力尊　及宏丽色究竟天
> 连同心识此三者　可合为一我敢说

这赞颂之所说，即依上引经文而说，"庄严住者具力尊"，说的即是法身佛的觉空双运；"宏丽色究竟天"，说的即是等流佛的明空双运；"心识"，说的即是化身佛的现空双运。由此可见，龙树亦并未以"缘生性空"为究竟，于赞法界时，他已离缘生而说，所以接下面即有颂言：

> 未熟唯依于识觉　圣者故为说异门
> 此于长寿具力者　成为劫算长程因

所以说缘生，只是法异门，亦即方便言说，若困于言说，即是"依于识觉"，便须历"劫算长程"而成佛，这即是"未熟"，法异门亦唯对未熟者而说，是即方便。若依究竟，则另有颂文：

> 卓越光辉诸佛子　相随于佛道次第
> 证本智而入法云　有情净相见空性

这里说依"佛道次第"而现证的是"本智"，由本智即见本性，这样才是"净相见空性"，亦即是究竟见空性。

莲花生大士《大圆满直指教授》，有颂文说：

> 是故我说中道，即不落任何边际，
> 我说根本觉性即为一心的无间显现。
> 既然空性充满此心即是根本觉性，
> 则此便名为如来藏，亦即佛的心或胚胎，
> 若能了知此义，即能胜超一切法，
> 则此便名般若波罗蜜多，或圆满智。①

---

① 依拙译，收《大中观论集》下，香港：密乘佛学会，1998年。原为偈颂，拙译为长行。

在这里,说"既然空性充满此心即是根本觉性",便即是说由本觉证知本性,因为施设本性为空,便可以说为由本觉现证空性。所以反过来说,便可以说为,一心无间显现空性便即是本觉。至于"根本觉性""如来藏""深般若波罗蜜多""圆满智"都可以视为同义词,所说的即是由中道证空的一心无间显现。

这段颂文可以作为本节的总结。读者若能了知,即能由如来法身本性来了知空与空性,是即不落于缘生边来说性空,这才是究竟的空。

十、现证离言空性

现在想依照宁玛派祖师所传的《椎击三要》(Tsig gsum nedek)来一说现证离言空性。《椎击三要》是究竟的教法,离言空性是究竟的本性自性,用究竟的教法来现证究竟的空性,应该十分配合。

宁玛派初祖俱生喜金刚(dGa' rab rdo rje)[①]于圆寂时,他的弟子妙吉祥友(Mañjuśrīmitra)五体投地,高声大哭,喊道:"大日消失了,让谁来驱除世间的黑暗。"随着他的喊声,天上彩虹出现,于虹光中现出《三金句》(rDo rje'i tshig sum),这便是上师对弟子的加持。后来,这《三金句》被称为《椎击三要》。

这《三金句》,依《无垢心要》是:

母亲归于母亲
儿子归于儿子
儿子归于母亲

这即是说:法界于法界中解脱,识界于识界中解脱,识界于法界中解脱。

后来,大善解功德主巴珠·无畏法自在(dPal sprul O rgyan chos kyi dbang po, 1808—1887)将这《三金句》改写,俾令适合众生根器,仍用《椎击三要》的原名,这三句是:

[①] dGa' rab rdo rje,应直译为"极喜金刚",但笔者觉得应依意译,译为"俱生喜金刚",此中自有密意。

直指于自性（ngo rang thog tu sprad）

断定于自决（thag gcig thog tu bcad）

解脱于自信（gdeng grol thog tu bca'）

除此三句之外，巴珠宁波车还写了长颂来解释，后来便有了许多释论。

敦珠法王无畏智金刚曾依见地来解释这三句，说言：

初，直指于自性。

当下，活泼泼地，现前的觉性，超越三时，超越一切心识与念头，是即为本初觉性，是即为般若智，是即为法尔本觉。如是，即为"直指于自性"。

次，断定于自决。

无论轮回抑涅槃的显现，一切都是本觉力用游戏。因为无一法可逾越于此，是故应于此中无间相续而安住，由是即应"断定于自决"。除此之外，亦别无所有。

后，解脱于自信。

无论粗念抑细念生起，都由认识其本性，而令彼于法身无边大界中自显现自解脱，是亦即于明空无二中自现自解。是即为〔心〕相续本自解脱之确信。

敦珠宁波车解释三句，简单而明确。这可以说是依如来藏来作甚深解释。

这三句，实分见、修、行而说。

于见，说由本觉直指自性。本觉离一切名言句义，亦即是"唯心所自见"的觉，是故，即可直指一切法自性为如来法身本性。在行者心识中，直指法身本性的本觉，便亦即是本性。由此直指，即成修道的决定见。

于修，说依决定见而作现证（断定）。轮回涅槃一切法，都只是如来法身上的随缘自显现,本觉之所觉即为如来法身,所以轮回涅槃一切法亦可以说是"本觉力用游戏",一如"唯心所自见"的一切法行相,为法界庄严、为法界展现之游戏舞姿。此即行者观修时的现证,于现证中即成断定。

于行,一切行都依念头而生起,故当认识念头的本性。当由本觉认知其本性时,即知一切念头皆住于明空无二处。所谓明,其现相为光明,自性则为了别;所谓空,即是心法性及本性自性空。行者由心得解脱,即依观修时的断定而来,对断定能自信,即能令心于明空无二中自显现自解脱。

在这里,敦珠法王实依本觉而说见、修、行。读者须注意的是,所谓本觉,即离一切识境的名言句义而觉,亦即出离世间而觉,所以才可以将本觉视为佛内自证智、如来法身。

莲花生大士岩传的《六中有自解脱导引》,于说《禅定中有·本觉自解脱》时,亦说到《椎击三要》,他是依修而说。说言:

决定刹那心相为无生自解脱,称为"断定于自决"。

若行者于刹那心相外更觅其余,却无所得,称为"直指于自性"。

以其本性已开示为自解脱,故称为"解脱于自信"。

因为是依修而说,所以先说第二句"断定于自决"。

莲师解释这三句更为握要。

行者于观修时得决定见,无生。再依无生见观修,即可现证"刹那心相为无生自解脱",这现证亦可以说是"无生法忍"。这便是"断定于自决"。

从文字来看,莲师的解释跟敦珠法王的解释似有不同,其实不是。行者于现证无生法忍时,实由本觉而现证,因为若一落于名言句义边,便不能说为无生,因为有名言句义则必落于空有(所以近人说"空性中有缘生",实亦落名言句义边)。既说由本觉而现证,则两位圣者的说法实在相同。

上面说修,说为现证"无生自解脱"。

说见,说为唯依"刹那心相",是即唯依本觉而觉,依于本觉才能"唯心所自见"。实际上,唯心所自见便是见到刹那心相。这亦相当于禅宗所说的第一念,落第二念便成寻伺,凡寻伺,必落名言句义边。

说行,现证一切诸法自性即是如来法身本性,便能了知一切诸法实于"本性自性"中自解脱(道名言上亦可以说为"无生自解脱"),所以便由现证本性而"解脱于自信"。

笔者在《细说如来藏》第三篇《四重缘起·白螺珠》中,依行而说此三句,今引录如下:

在此中即谓于见地上,直指一切法依四重缘起而建立,是故可离缘起而证其无有,于法身即是无碍。

于修持时,依上面决定见,是即可依行人之证量而断定,落何缘起边际,于何缘起超越,如是而至于究竟。

于行持时,虽落于边际而生活,但却可依决定见以自信而离缘起之边际。

三者之中,以"解脱于自信"最为关键,倘只说为信心,此信心焉能令人解脱耶?须知此所谓"自信",即自信决定见。盖于相碍缘起中,实已无离相碍相可证,抑且亦无从而证。此如吾人,能现证法身相否?能现证报身相否?即于化身相,实只能现证三度空间之化身相,能证 N 度空间者否?不能,凡所缘相皆永落于相碍,是故不能现证。

此际但持"自信"而作决定见,以信轮涅一切法皆任运圆成故,信法身自有法身之任运、信报身自有报身之任运、信一切时空皆有一切时空之任运,无不圆成。如是即无须一一现证,于法性中即能离相碍而现证决定见。

此即如前举月光圆相之喻,人实不必乘太空船依月而航行始恒时见其光圆,但由对决定之自信,即可知其恒时光圆之实相。

行者于行持时无可离碍,故说为"解脱于自信",是即离碍而解脱。此义甚深,若不说四重缘起即难直指。

因为全文主旨是说四重缘起,所以便依重重超越缘起而说行,及至超越至究竟,固然可以说是离碍而解脱,但实际上亦是依本觉而解脱,因为离一切碍便即是离一切识境的名言句义。文中说及"以解脱于自信最为关键",是即以现证最为关键。无上瑜伽密的行持,实依三十七菩提分而行,所以行者的现证,非于座上观修可得,实往往由行而得,因此那三十七行才称为"菩提分"(觉分)。

上面所引,分别依见、依修、依行而说三句,下面,笔者还想作一通说。

此三句,依次为见修行之指示。

一切法均为法身自性(本性)中之自显现,是故即可于本性中自解脱,余外既无生起之所依,亦无解脱之所依,如是知一切法本性无生自解脱,故说为"直指于自性"。是为见。

此见,便即是本觉之所觉,亦可以说是觉性的本来面目,此由离一切言说而觉。

由本觉现证本性,所以除此之外,更无其余,一切其余都是增上,亦都是边见。

于观修时,由念头刹那生灭,以现证一切显现本性自性,一切烦恼(贪瞋痴)及八万四千行相(如苦乐等),无非皆是法身之自显现,无生自解脱,于是心即住于无功用无分别,住于离言说自性境界,故说为"断定于自决"。是为修。

此修，决定一切心行相都是法身自显现，连同前所修习的乐、明、无念，亦无非是如来法身，若落在乐、明、无念概念中，此法身即不能见，是故亦须舍离。

如是现证无舍离而舍离，于子母光明会的境界中，一切分别尽，即是断定的境界。

下座后保任法身本性解脱境界，复依三十七菩提分而行，依次由四念住而至八正道，由是次第所见皆明空赤露，心识相续即如水中作画，自生自灭，自显现自解脱，故说为"解脱于自信"。是为行。

此行，重点在于念念自解脱，所以说为有如水中作画，此即认识心中之如来法身力用，除此之外，更无心识所依处。

所谓"自信"，即由现证如来法身力用而起信。

由上面说《椎击三要》，实欲说明两点：

一、不能泛泛说证空，必须离言而证空，否则必落边见而证，因为一切言说必为边见。所以佛对于空才说为假施设，那便是怕学人落边而证。

二、若离言而证空，便不能只依智边而证，亦即不能只依如来法身而证。依如来法身本性而证则不落智边，因为这本性实在已是智境与识境双运。如来法身自性固然可说是本性，如来法身功德亦是本性，法身上随缘自显现的识境一切法，更无一不依本性为自性，因此，当说本性时，便即已说智境与识境双运的性，如是双运，既不落智边，亦不落识边，这才是由中道而证空性。

因此，无上瑜伽密乘说证"现空""明空"，而且是由"觉空"而证，所证的境界又说为"乐空"，这便是显示智识双运，而非孤立证一空性。

参考书目：

《龙树六论：正理聚及其注释》，龙树菩萨造，汉藏大论师释译，民族出版社,2000年。

《冈波巴大师全集选译》,冈波巴著,张澄基译,法尔出版社,1986年。

《密勒日巴大师全集》,张澄基译注,慧炬出版社,1980年。

《佛理精华缘起理赞》,多识·洛桑图丹琼排著,四川民族出版社,2000年。

《佛学今诠》,张澄基著,慧炬出版社,1983年。

《慈氏学九种译著》,韩镜清译,中国佛教文化出版社,1998年。

下篇　龙树二论

在这里,选出龙树论师的两篇论来说空的密意。第一篇是《六十正理论》,第二篇是《七十空性论》。两篇论都有说见地与观修,但详略则各有不同,前者详于说见,后者则详于说修。

一、《六十正理论》

梵名：*Yuktiṣaṣṭikākārikā*
藏名：*Rigs pa drug cu pa*

《六十正理论》为龙树菩萨重要的论典，非但说缘起，实由缘起说至现证法智。

学者 Christian Lindtner 精研中观论著，从月称等论师所造诸论之梵本中，找出援引《六十正理论》共 12 处，故得此论梵文原颂 12 句，是即 1、5、6、19、30、33、34、39、46、47、48、55 诸颂，详见 Chr. Lindtner, *Master of Wisdom*（Berkeley：Dharma Publishing，1997），第 174—175 页。

这些梵本的颂，笔者已将之译出，译时觉得梵本更能表达密意，因此于疏释时另行疏出，以便读者比较。梵本与汉译有差别，可能是由于辗转翻译之故。

藏译有二：

（1）依本论译，题名 *Rigs pa drug cu pa'i tshig le'ur byas pa*（《六十正理论颂》）。此为喜吉祥（Muditaśrī）及日称（Nyi ma grags）译，收北京版《西藏大藏经》no. 5225，德格版《西藏大藏经》no. 3825。

（2）依月称释论译，梵本题名 *Yuktiṣaṣṭikāvṛtti*，译本题名 *Rigs pa drug cu pa'i 'grel pa*（《六十正理论释》）。为胜友（Jinamitra）、施戒（Dānaśīla）、戒王菩提（Śīlendrabodhi）及智军（Ye shes sde）译，收北京

版《西藏大藏经》no.5265,德格版《西藏大藏经》no.3864。

古代汉译有宋施护译一种,译为62颂,另加后颂6,题名《六十颂如理论》,收《大正藏》no.1575,唯译文多失原意,且有些颂文有如自造。

日本学者山口益,曾把藏译及汉译对勘整理,而把本论译为日文,参见其《中観仏教論攷》(东京:山喜房仏書林,1965年),第29—110页。

现代翻译尚有任杰译本,题名《六十正理论》,依喜吉祥及日称的藏译而译,所以题名亦依藏译。收《龙树六论:正理聚及其注释》(北京:民族出版社,2000年)。

近日互联网中,有佚名译《六十颂如理论》,为配合达赖喇嘛的讲授而译,译者似多参考施护译,与任杰译比较,仍以任杰译为佳,故笔者注疏本论即用任杰译本,论中小标题则为笔者所加。

这篇论的主旨,说明为什么要建立缘起,并由此说到证真实义与法智(般若与深般若)。

建立缘起的目的,只是为了断除对生灭等现象的执著。由此可见,很多人认为建立缘起只是为了说明"性空",这实在是很表面的看法,因为无论怎样说性空,生灭等现象都宛然实有,不能因为说这现象性空,便可以将对它的执著加以断灭。譬如日出日落,我们日常生活便须依这现象来作安排,无论知道性空或不知道性空,都必须这样来安排,空与不空毫无分别,是即知道性空亦依然与不知道的人无异,因此才要观修缘起,由观修来改变心识而成断除。

如何断除对现象的执著,龙树的说法即是颂5之所说:"由有不解脱,由无住三有。遍知有无事,圣者得解脱。"龙树在这里所说的即是中道。"遍知有无事"便是对中道的现证。在这里,由缘起成立一切法为有,便即是"有事"。龙树在颂31中说:"于求真性者,初说一切有",是即成立重重"缘起有";这重重缘起都可以超越,当一重缘起受超越时,这重"缘起有"便受到否定,亦即当缘起受超越时,"缘起有"便同时成为

"无事",这便是颂文接着说的"通达义无贪,然后说寂灭"。亦即是四重缘起的次第超越,由是即可断除执著。

因此我们可以说,龙树这篇论实有两个主题:一、为断除对生灭等现象的执著,必须建立缘起;二、建立缘起之后,依缘起观修,遍知"有事无事",这样,圣者即能现证中道,且于中道中解脱。

由前一个主题建立中道的定义,由后一个主题建立中道的观修。由此可知,说龙树的缘起,或说"缘生性空",都不能脱离观修来说,因为脱离观修便即是脱离中道。建立中道才是龙树一切论著的主旨,说缘起只不过是建立中道的手段。释迦于二转法轮时密意亦即如是。若不明白这点,将会本末倒置,那时候便容易迷失中道来说缘起。

下面即将依这两个主题来解说本论第一部分各颂。

至于本论第二部分,则是论主依理依教,证明前部分所说的真实义与及证智相,可以说是"证成分"。此真实义即是由缘生而入"中道",此证智相即是由中道而现证"无生"。

第一部分

建立缘起义

1 谁于生灭等,以此理断除;说缘起能王,于彼稽首礼。

【疏】本颂说,唯由缘起才能断除对生灭等现象的执著。是故对宣示缘起的圣者应当顶礼。

此即说:为什么要建立缘起。

2 谁之慧远离,有无而不住;彼通达缘义,甚深不可得。

【疏】译文首二句应当连读,意思是:谁人能由现证而远离有无,即能于现象及心识无所住(不住)。末二句亦应当连读,承接前两句,意思便是:若能现证有无而不住有无,便可以说是无所得而通达甚深缘起义。

此即说:建立缘起之后,应当观修缘起,这样才能现证缘起的深义,而不住入缘起,受缘起所缚。

依梵本,本颂应译为:

  有无之过失 由理能断除 甚深无所住 应通达缘义[①]

由理断除的只是有无,断除之后才能悟入甚深义而无所住,次第较汉译分明。汉译较为混淆。下面即有说明观修的次第,亦依断除有无、悟入甚深、现证无所住而说。

说缘起观修

3 且生诸过处,无见已破除;应听由正理,亦破除有见。

【疏】由本颂起说缘起的观修。

观修缘起是先成立"缘起有",而不是成立"因为缘起所以性空",所以观修的立足点是"无见已破除"。既成立"缘起有",当然已破除无见。

其实我们可以这样说,无论古代现代、无论东方西方,一切宗教及哲学所探讨的基本问题,都是事物如何成为有。近代西方的存在主义、现象论、认识论所探讨的都是"有",而不是事物如何成为"无"。佛家其实亦不例外,认识事物如何成为"有"才是基本的问题。唯有正确地认识"有",才能成为正确的观修,若观修的立足点失误,便无法依正理来否定"有"。依正理观修,即是依世俗观修而现证胜义,所以龙树才会说,若不依世俗则胜义亦不成就。

对缘起误解的学人,错在忽视观修,一见文字,立刻就作出决定,所

[①] 梵:astināstivyatikrāntā buddhir yeṣāṃ nirāśrayā / gambhīras tair nirālambaḥ pratyayārtho vibhāvyate /

以一切所说便都只是推理,不可能是现证。例如有学者说:"中道依空而开显,空依缘起而成立。依缘起无自性明空,无自性即是缘起;从空无自性中洞达缘起,就是正见了缘起的中道。"那便纯然是推理,在推理中,从来没有成立缘起有,这就违反了《小空经》及《瑜伽师地论》所说的"善取空",从而陷入"恶取空"边,可是他却以为这"恶取空"即是中道,由是他便误解了龙树的学说,并且否定了如来藏思想。

关于"善取空",笔者在别处已反复细说,今不赘。

"善取空"的原则,是成立空的同时必须成立有("余实是有")。由甲成立乙空,乙的余外必须认知为有。此如,由"缘起"说一切法空,同时必须成立"缘起"是如实而有。所以,只能说"空依缘起而成立",不能同时说"无自性即是缘起"。能由"善取空"来悟入缘起,才能由观修来现证中道,远离有无二边。若入手即入"恶取空"边,不善知"缘起有",学人必无从观修,因为实际上先已落入空边,于是根本无从观修(谁能入手便拿着一个"空"来观修呢?)。若一切流为口头生活,这样便根本无法现证中道。所以龙树本颂即说由缘起先成立"缘起有"的理趣。成立"缘起有",便破除了断灭空,因此破除了能生种种过患处,例如由"无"来否定因果、由"无"来毁坏世俗,或由"无"而入唯空。

接下面颂文即说,既破除了"无见",便须要依正理观修再破除"有见"(破除"缘起有")。这说法便即是第31颂之所说。

四重缘起的次第观修便是这样。如由心识与外境相依,因而成立一切外境现象唯依心识而成为有(唯识),这样一来,便即是由"相依缘起"来成立"相依有",亦即一切诸法唯依心识而成为有,这便破除了"无见"。

然则,又如何依正理来破除相依有呢? 依四重缘起便须由"相对缘起"来观察相依有。笔者在《四重缘起深般若》中,对此已有详说,简单地说,即是成立心性与法性的相对,由心性成立外境则有分别,由是落于名言,由法性成立外境则离分别,而且不落名言。所以,只观察心性,唯见外境与心识相依，若观察心法性，便能了知一心法性可以开展无量无边的外境，这便是用相对缘起来超越相依缘起，于此超越时，便否定了"相依有"，同时可以说"相依缘起性空"，可是，须要注意的是，这时亦同时成立了"相对有"（"相对有"是"相依有"的余外，亦是"相依缘起性空"的余外，"余实是有"）。

行人接着依次第观修，便由相碍缘起成立"相碍有"，同时，成立"相对有"空，"相对缘起性空"。这"相碍有"即是瑜伽行所说的"圆成自性"，亦即现证中道见"任运圆成"。此后的观修，便是二地至十地菩萨的离相碍。在本论，现见任运圆成说为"见真实性"，或"遍知有为"、"遍知有无"；离相碍而现证则说为"法智""真智"及"寂灭"。

4　如愚者分别，法若成实有；法无则解脱，何因不允许。

【疏】如上所说，观修缘起层层超越，即是远离有无二边的法门。对此法门可能生起疑问：愚者分别一切法，将一切诸法建立为实有，那么，当成立"法无"时便已矫正了愚者的分别，由是可以说为解脱，现在，为什么却说不可以住入"法无"呢？

这是对龙树中道观修的质疑，亦是当时小乘行人对龙树教法的质疑。近代学人对如来藏质疑，其实可以说是同一疑问。他们陷入"唯空"边，只是玩弄名言，将自己的"唯空"说成是中道，所以一见成立为有，立刻便指责是"真常"，从观修来观察，这些学人实际上是主张"法无则解脱"。

附带说一句，宗喀巴的"应成见"并不可说为"唯空"，因为他修"乐空慧"，而且不立宗见，所以不是将龙树教法说为"一空到底"。或有学者以为自己的说法是依宗喀巴，实应说其差别。

有人将"何因不允许"一句解释为"没有理由不允许"，是即认可"法无则解脱"，此应不合颂义，因为龙树先已说由缘起远离有无，所以不可能开许"法无"。说者只是落入唯空的曲解。

前面说到观修缘起成立"相碍有",接下来便不能再从缘起来超越,因此行人的观修,便是住在"相碍有"中来超越一切缘起,亦即住在"有为法"中来超越"有为",这便是如来藏的观修,也即是龙树的观修、弥勒的观修。当行人现证超越"有为",住入"无为"时,行者必然现证如来法身功德,这时,怎能说如来法身功德为无呢?是故显然不能开许"法无则解脱"。

有学者极力强调"三论"不同"三论宗",即是因为他认为"三论"才是一空到底的龙树教法,至于"三论宗"便有"真常"的因素,所以应该遵循"三论"而不是遵循"三论宗"。他将自己这种思想一再发挥,结果,所有以如来藏为根本见的宗派都受到否定。在汉地,禅宗、华严、天台、净土、密宗都错;在藏地,宁玛、萨迦、噶举、觉囊诸派亦错,那么,千余年的汉藏佛学,到底还能剩下些什么呢?甚至印度的宗师,大概也只能剩下龙树一系。释迦牟尼的危机感果然正确,他在《法灭尽经》《大涅槃经》都担心正法会灭;在《金刚经》等许多经中,都担心所说的法,五百年后无人能理解。释迦在《大涅槃经》中还留下遗嘱,叫学佛的人要知道"四依",可是却依然无用。造成这样的局面,显然只是误解龙树的教法,执著"法无"。不只认为"法无则解脱,何因不允许",更变本加厉,拿着"法无"来横扫千余年的汉藏佛学。

5　由有不解脱,由无住三有。遍知有无事,圣者得解脱。

【疏】龙树说不能住于有,亦不能住于无。对凡夫而言,若落在有边,则必受名言句义等戏论所缚,由是不能解脱,但由于见因果为有,是故多作善因,因此执有见者多生于善趣,如生天等;若落在无边,则必同时住于对生死(三有)的执著,因为他们既不认为有涅槃,所以便唯重视现世的生死。此外,由于他们以业果为无,所以多不怕作恶业,于是多转生入恶趣。现在的商人作假谋利,是即住入无见之所为。

对于前说误解法无解脱的学人,则可由"遍知有无事"一句而知其误。

颂中所说的"遍知有无事",必然是由观修而遍知,因为龙树没有可能由言说推理来说他的缘起法,一如现今有些学者之所为。因此对于下文的解说,必须通过观修来理解。

6　未见真实性,执世间涅槃。诸证真实者,不执世涅槃。

【疏】若住于有或住于无来观察,都未见真实性,所以才会执著于世间(生死),或执著于涅槃。是即有世间与涅槃的分别。若现证真实的诸佛菩萨,由证真实故,即无对世间、对涅槃的执著,是即世间与涅槃都无分别。

依梵本,本颂应译为:

　　生死及涅槃　取相非真实　生死涅槃相　不取即真实①

此以取相、不取相来界定非真实与真实,说法与汉译稍有差别。但这差别不大,因为取相即是未见真实性,不取相即是不执著世间与涅槃。唯一重要的差别,只是梵本分明着重于观修而说,所以并非泛指执著不执著,而是为行人具体指出取相不取相,令其知道如何抉择与决定。

这便是如来藏思想了。这便是由重重认识缘起、重重超越缘起,至住入无碍缘起时,即能不取世间生死相、出世间涅槃相,是即由识境的缘起引至如来法身功德,如是即能现证一切诸法之所以成为"有"(存在与显现),实依如来法身功德而成立。举例来说,如来法身以生机为功德,因此一切诸法实依这"现分"才能成立;又如,如来法身以区别为功德,因此一切诸法实依这"明分"才能成立。当这样认识时,世间一切诸法的"有",便已超越"有为"而入"无为",即是"生死涅槃相,不取即真实"的中道。

---

① 梵:saṃsāraṃ caiva nirvāṇaṃ manyante'tattvadarśinaḥ/ na saṃsāraṃ na nirvāṇaṃ manyante tattvadarśinaḥ //

将缘生与性空看成是同一内容、同一层次的学者，无论在名言句义上说得如何头头是道，可是，却完全落入识境来解说，从未超越识境来认识观修行人的境界，更不要说将识境引入智境了，所以实在是"未见真实性"。真实性不可能完全是识境性而无智性，可是一涉入智性，却又被判为"真常"，诸宗古德焉能不被判为错。

缘起与空若都依识境，实际即是"取相"。例如说："若以缘起与空合说，缘起即空，空即缘起，二者不过是同一内容的两种看法，两种说法，也即是经中所说的'色即是空，空即是色'。"这种学者的认识，也真的是"同一内容的两种看法、两种说法"，他的认识实落于同一内容里面，所以他根本无法超越"有为"、现证"无为"；超越识境、现证智境，否则便不可能是同一内容。

对于"色空"的理解，亦是由"同一内容"来理解，所以并非《心经》的正解。印度论师如何解《心经》，可参考拙著《心经内义与究竟义》。简略来说，"色即是空，空即是色"，必须由如来藏来理解。如来法身（内自证智境界）中有种种识境随缘自显现。若问：识境中一切色法有无自性？于未超越识境时，可以回答：一切色法都以缘起性为自性，除缘起性外，无有自性。当于超越识境时，因为已超越一切缘起，诸佛菩萨依现证来回答，便是：一切色法都以如来法身的本性为自性。当将如来法身说为空性时，便可以决定"色即是空，空即是色"。一如我们对镜影的自性认识为镜性时，便可以决定：镜影的自性即是镜性，由镜性即显现为镜影。这才是《心经》中色空四句的正解，不能说色与空是"同一内容的两种看法、两种说法"，否则佛智与凡夫心识便无区别。因此，依中道观修，只能说色空双运、识境智境双运，不能说是"同一内容"。

说证入真实性

7　生死与涅槃，此二非实有。遍知三有性，即说为涅槃。

【疏】由本颂起，说智者所证的真实性。

依梵本,本颂应译为:

涅槃与及有　二皆非明处　遍知于有性　即说为涅槃[①]

汉译的"非实有"于梵颂中作"非明处"。"非明处"不完全等于"非实有",因为入明处时,已同时能得真实义,而但知非实有,则未必同时能知真实义。

真实性中生死与涅槃都非明处,亦即不是依究竟见之所见。若为明处,便可见一切诸法,只是如来法身这智境上的识境随缘自显现。在众生界,随缘自显现为生死;在佛的色身界(报身与化身),则随缘自显现为涅槃。所以由佛智来看,这两种自显现平等,而且都非实有,无非只是在智识双运境界中的影像。

在究竟真实中,已离缘起,亦离有无、生灭等一切识境现象。因此说,唯有现证真实的圣者,才能遍知"有"性。因为"有"即是智识双运境界中的存在及显现,所以必须离缘起才能认识现象的真实。

梵颂说"遍知于有性,即说为涅槃",也等如说:唯现证如来藏智识双运境才能说为涅槃。这时候,我们应该决定,观修缘起与空性无非只是手段,并非唯说缘起与性空即可得证真实。

8　有为生已坏,安立彼为灭;如是诸正士,说如幻事灭。

【疏】现在讨论这个真实性。

在识境中,有一切有为法生起,生起后,当有为法坏时,即说为灭,这应该是识境中一切现象的真实。那么,现证真实的圣者("诸正士"),又怎能离开生灭的现象来说真实呢?

龙树回答,对识境的生灭现象,现证真实的圣者视为"幻事"。一如我们可以将镜影视为幻事、可以将荧光屏上的影像视为幻事,所以"有

[①] 梵: nirvāṇaṃ ca bhavaś caiva dvayam etan na vidyate / parijñānaṃ bhavasyaiva nirvāṇam iti kathyate //

为生已坏",便有如"幻事灭"。

9　由毁坏成灭,非遍知有为;彼于谁现起,如何说证灭。

【疏】龙树接着解释:如果认为识境中"由毁坏成灭"是真实的现象,而不是由"遍知有为"来认识现象的真实,那么,便有疑问了。由谁来现证这真实呢?圣者又如何能够证灭呢?

一提出这两个问题,主张生灭现象实有的人,便陷于两难的局面。

首先,作现证的行人必须灭尽五蕴(灭"集"),这是释迦的教法。如果五蕴须由变坏然后才能灭,那么,这行人亦必然要在起现证的同时坏灭,是则他又怎能用五蕴已坏的身及觉知来现证真实呢("彼于谁现起")?其次,我们不能说只有现象生灭,行人的五蕴则无生灭,因为五蕴无生灭时,现象亦必然无生灭,是亦即根本无法"证灭"("如何说证灭")。所以,一定要说是由"遍知有为"来现证真实。"遍知有为"可以说是行人的现证智境,于现证智中,灭去生灭现象的实执,是即无所变坏而能灭。

这样一来,龙树便等如说,释迦说的苦、集、灭、道四谛,若落于有坏灭的识境(例如落于缘起与唯空),便根本无法究竟"知苦、断集、证灭、修道"。《胜鬘经》说二乘行人不究竟,龙树所说与之同一理趣。

由前颂与本颂可知,在识境中对生灭现象可以视为"幻事","幻事"有生起、有坏灭,是识境的真实。若离识境的重重缘起,则生起与坏灭都非真实,所以"遍知有为"才是真实,由真实才可以证入"无生"。

10　设若蕴未灭,惑尽非涅槃;何时彼亦灭,尔时当解脱。

【疏】本颂是对上一颂作补充,说明必须"蕴灭"(灭集)才成涅槃。若落在缘起与唯空,其证量顶多只是"惑尽",此"惑尽"既非涅槃,"蕴未灭"亦不得解脱。

在这里,龙树所说与如来藏所说相同(例如同于《胜鬘》),但在二转法轮时,"如来藏"此名相尚未广传,因此龙树的说法,便名为"深般若波罗蜜多"。

11　无明缘生法,真智照见前;生或灭亦可,尽都不可得。

【疏】由于说到"蕴灭",所以便说到十二缘生法。

释迦说十二缘生,无明缘行等,依二乘的说法,都是以前一支为缘,带动后一支生起,后一支则依前一支才能成立。这样一来,十二支便有生有灭。

但于"真智"现前时,十二支的生、灭都不可得,因为都如幻事。这即是《心经》之所说:"无无明,亦无无明尽,乃至无老死,亦无老死尽",这是说十二支究竟不生,无生亦自然无灭。这样一来,十二支于识境中的因,便亦究竟无有,这便是见道行人(初地菩萨)所须超越的障碍,亦即由现证般若超越至现证深般若的障碍,于"真智"现前时,才能"照见"生、灭究竟无有。当能这样"照见"时,才能了知"惑尽非涅槃",因为"惑尽"并非十二支的因尽,以十二支本来无识因可得,缘起实亦不可得故。

12　现法即涅槃,亦所作已办。设若法智后,于此有差别;

【疏】此说"现法",即是真实义现前,此亦即"所作已办"。这里说的实同《入楞伽经》所说,诸蕴自性即是涅槃。

于现见一切法的真实义后,即能尽除烦恼、尽离戏论,由是灭一切苦,所以说"亦所作已办";因为已得"我生已尽、梵行已立"等,是故说为涅槃。然而,这涅槃实未究竟,二乘涅槃尚有余依,菩萨涅槃只是般若波罗蜜多的现证。此可参见《胜鬘》之所说。若超越一切缘起因(以相依为因、以相对为因等),才能证入深般若波罗蜜多,亦即证入法智(法性)。这样,见道行人才能住入法性,及至入修道位,由观修重重离碍,证清净大平等性。

以上所说,如超越缘起因、证入法性、重重离碍等,都有实际的观修,并不是唯有言说。依观修的道名言来说,这些观修,即是"生圆无二"的超越，入"大圆满法"。

如上所言，便是"若悟法智后，于此有差别"，所谓"差别"，即是般若与深般若的差别。为了更容易理解见"真实义"与"证法智"的差别，用二谛的建立来说，比较容易说明。见真实，胜义谛是如来法身功德，世俗谛是一切诸法任运圆成；证法智，胜义谛则是如来法身，世俗谛则是如来法身功德。初地的胜义于法智只是世俗，此中便有很大的差别。

说证入法智

13　有为法极细，谁计自性生。彼即非智者，不见缘起义。

【疏】由本颂起，即说如何证入法智（深般若波罗蜜多）。

建立缘起的目的在于断除对有为法一切现象的执著，亦即重重超越缘起，现证有为法非由自性生。这必须由四重缘起的现证来圆成，亦即次第建立有为法非业因缘起有、非相依缘起有、非相对缘起有，如是对识境中的缘起一一超越，即能证入相碍缘起，见一切法实依如来法身功德而任运圆成。

弥勒瑜伽行所说其实与龙树的建立相同，他说"三性""三无性"。说"三性"，即成立一切有为法的缘起，依次第，以"遍计"为自性生、以"依他"为自性生、以"圆成"为自性生，说此之后，更说"三无性"来超越这三种自性生，即是由"相无自性"来超越"遍计自性"、由"生无自性"来超越"依他自性"、由"胜义无自性"来超越"圆成自性"。我们可以这样理解，当证入"圆成自性"时，其实即是证入相碍缘起，因为见一切法依如来法身功德而任运圆成，所以亦即证入般若波罗蜜多。由"胜义无自性"超越"圆成自性"时，则可证入深般若波罗蜜多。我们应该这样认识来沟通中观与瑜伽行的观修，不应为道名言所困。

所以在本颂中，龙树说的"缘起义"，实在是说四重缘起的重重超越，并非"同一内容"的缘起、无自性、性空，了知重重超越、重重建立，才能了知缘起的真实义。若非重重超越,那便跟瑜伽行说的"三性""三无性"抵触,有抵触便必有一者错误,这是不合理的事,是即非智者之所见。若执此为中道,便恰恰破坏了中道。

本颂即由超越缘起的深密,说有为法的深密。至于细说超越缘起。则见于"七十空性论"。

14 尽烦恼比丘,生死已还灭;有始然正觉,何因未曾说。

【疏】本颂须要意译为长行:尽烦恼比丘,还灭生死而"有始",何故佛(正觉)却不说这些比丘的观修呢?

在这里,是用"三时门"来说证入法智。所谓"三时门",即是超越三时(过去、现在、未来),在我们的识境中,三时是俱生而来的障碍,一切现象必须顺从此三时,一如三度空间(十方),要在我们这个识境中显现,必须显现为立体。这些俱生障碍于识境中无法超越,但由法智观察,十方三时都无非只是能成显现的局限,因此,显现为立体、显现为三时,其实亦无非是在相碍缘起中如幻而显现,离开识境来观察,实在不能说十方与三时真实,这便是龙树"三时门"的理趣。既然这样,尽烦恼而"有始",显然就不真实,所以佛对这不究竟的观修即未曾说。

15 有始则决定,为见所执持。诸缘起生法,如何有始终。

【疏】现在细说前一颂的义理。

若说"有始",则"决定为见所执持",是即必然仍落于识境,由是才有"三时"的实事执,有此执著,便无法超越识境证入法智。

诤论的人可能说"缘生"亦有始终,龙树则说对"缘生"实不能落三时见而见,于下文即说此义。

16 先已生如何,后复变为灭。离前际后际,趣向如幻现。

【疏】本颂应标点为"先已生,如何后复变为灭"。这是说识境中的生灭现象,执"三时"即由此而来。但若将生灭现象视为如幻显现,便当见到先生后灭的前际后际皆不真实。这便是"如幻三摩地"的观修。如果依然用"缘生性空"来说"三时"为"无自性空",是则释迦说的"如幻三摩地"便同废话。读者若信服对"缘生性空"的误解,希望能善加抉择。

17 何时幻象生,何时当成灭;知幻体不愚,不知幻偏爱。

【疏】说生如幻象生,便当认识到,于幻象生的同时其实幻象亦灭。这便是所谓"生灭同时"。

"生灭同时"是佛家一个很重要的认知,亦必须由缘起来认知。例如举起一只手掌,随即握指成拳,如果由识境的生灭现象来看,可以说先是手掌生起,然后手掌变灭,但若由缘生来看,手掌以伸指为缘而生起,以屈指为缘而变灭,但同时却有拳头生起,所以拿屈指为缘这回事来说,可以说是生起拳头与手掌变灭同时,因此说为生灭同时。这只是很粗浅的一个例子,下颂还有较深密的说法。

如是知缘生的幻象生灭同时,便可以说是知"幻体"(如幻的体性),由知幻体即不陷入无明("不愚"),若不知幻事的体性,则落于"偏爱",即是由对识境现象贪爱而执实。

18 诸法如阳焰,以智现见者,则不为前际,后际见所损。

【疏】现在龙树举生灭同时的例。

例如"阳焰",由识境的现象来看,先是见到有水生起,及至近前,水则消失。这时,如果用愚夫的心识起执著,必然说"阳焰水"有生灭,前际生起,后际则灭,这便是不能见知生灭同时。

智者则不然,见阳焰水的生灭只是幻事。于如幻中有水相生起,并非真实有水生起、水相消失,并非真实有水消失。所以阳焰水的生灭实无前际后际,并非先生后灭。于说阳焰水生起时,其实阳焰水根本并未消失;于说阳焰水消失时,其实阳焰水依然存在,只是缘有所不同——人远离阳焰水与走近阳焰水,便是缘的变化。既了知只是缘的变化,便知道阳焰水生起水相与水相消失实在同时。

这便是由缘生来知生灭同时,亦可以说是缘起的深密意。倘如只说"缘起故空,空故缘起",怎能由缘起来悟入生灭同时呢?龙树在这里是说如何现证法智,若不知生灭同时,便不能离俱生相碍的三时,由是法智亦不可得。这是关于证智的事,望读者能"依法不依人",加以深思。

19　若谁于有为,计实有生灭;彼等即不知,缘起轮所行。

【疏】龙树已经由缘起来现证有为法无有生灭,且离三时,亦即识境中一切现象都非实有,且无前际后际,所以便可以下结论说:若对于有为法计有生灭,便是不知由缘起法门可见真实。

由缘起法门所见的真实为何?下面的颂文即有说及。

20　依彼彼缘生,即非自性生;既非自性生,如何说性生。
21　由因尽息灭,乃说名为尽;非有自性尽,如何说性尽。

【疏】此两颂须同时解说,唯颂20有梵本可参考,先摘译如下:

　　各各依缘生　非各自性生　既非自性生　云何名为生①

在梵颂中不是"如何说性生",而是说"云何名为生",这有一些差别。于观修时,若依梵颂抉择,非自性生,是故不能名为生,这样就能断除"生"这个名言。这样的抉择非常直接,倘如依汉译,只抉择为不能说"性生",那便还要抉择不能说"生",那便是辗转推理,失去抉择见的明快。比对藏译,汉译实添字而译,将"生"译为"性生"。

笔者郑重指出这点,是因为与观修有关,观修的抉择与决定不容有少许错失。

对此两颂,今依梵颂作解。

---

① 梵:tat tat prāpya yad utpannaṃ notpannaṃ tat svabhāvataḥ / svabhāvena yan notpannam utpannaṃ nāma tat katham //

识境中一切诸法，可以依重重缘起而建立为有，是即缘生。这缘生是如幻而生，成"名言有"（假名有）而显现，所以一重重建立缘生（"彼彼缘生"），便依次第否定"缘起有"为"生"，是则识境中便无"生"这回事，如是即可决定，一切生的现象都非实事，只如幻事。

同样，既无"生"便无"尽"，说"尽"，只是缘灭，因此，识境中亦无"尽"这回事。

这是龙树对由缘起远离生灭作一总结。须要注意，龙树能作出这样的结论（决定见），是建立在观修如幻、现证生灭同时而来，他并不是贸贸然地说：缘生无自性，无自性便是空性。

所以若依梵颂便能知，"缘生"是一个层次，"无自性"是另一个层次，不能将"缘生"与"无自性"看成是同一层次的同一内容。龙树这建立，同于《智光庄严经》所说，今不赘引。

其实，无自性与空性亦是不同层次的说法，一切诸法无自性是识境的层次，说一切诸法的显现基为空性是智境的层次。于说诸法无自性，其自性只能是显现基的本性（如说一切镜影无自性，其自性只能是镜性），本性施设为空，因此一切诸法空性，这时候，便已经超越缘起而说空性，并不是因为缘生所以性空。所以，行者于观修时，决定"缘生无自性"、"诸法空性"，是两个层次不同的决定，前者尚未证智，后者则已证法智。

还须要注意的是，若将缘起、无自性、空性看成是同一层次，那便是完全落于识境来推理，根本与佛无关、与佛智无关。

上面说，缘生是一个层次、无自性是一个层次、空性是一个层次，这便已经由识境引至智境，因为空性只能是智境的事，识境只是依附智境而成为空性（说为本性自性）。这样一来，所说才与如来法身有关、与如来法身功德有关。若说佛法而与如来无关，所说即非佛法，更不必说圆成佛道的观修了。

凡由观修而知缘起的宗派，都知层次的区别，藏传的大圆满、道果、大手印固然有层次观修的区别，即格鲁派不专修如来藏，亦分别层次而修乐空慧,至于汉传,华严宗由十玄门而修至一切无碍,天台宗修假中空三谛,禅宗的破三关,以至净土宗由称名念佛而至实相念佛,证入常寂光土,亦无一不依层次。于此即知在见地上建立次第的重要。

证法智相

22　若无少法生,即无少法灭。说生灭之道,是有所为义。

【疏】上面已说如何证入法智,由本颂起,即说证智相。

比对藏译,颂末句应译为"是为观修说",汉译失义。

于证智相中,不见有少法生灭,是故无少法可得,《心经》所说的"无智亦无得",即是这个层次的说法。

然则,为什么释迦说法又说生灭呢？那是为观修行人而说。于观修时不能离识境的现象,是故非说生灭不可,是即说生灭然后说离生灭,才是证入真实义的方便。证入真实义以后,亦必须由幻象说生灭同时,而且须离三时而见,然后始得证智。所以密意虽无生灭见,言说却说生灭之道,实只是善巧方便。

23　由知生知灭,知灭知无常；由知无常性,正法亦通达。

【疏】本颂再说,由生灭的观修而成"知无常性"的证智相。

由生灭现象,于证真实义时可决定为无生,无生自然同时无灭。于现证法智时,建立识境现象(包括心的行相)如幻而灭,由是便能真实认知"无常"。世间只将生灭现象看作是"无常",智者则由如幻中见无常,于现象生起的同时,其实现象已灭,所以无一"常法"可得,这便是知"无常性",由此认知即能通达正法。

这样说来,便亦是建立生灭观修,因为不先观生灭现象,则不能由智而知这如幻"无常性",是即不能通达正法。

在《智光庄严经》中,文殊问佛境界,先问"不生不灭",即与"知生与灭"同一理趣。

24　诸于缘生法,远离生灭相;彼等了知者,越渡见有海。

【疏】既说识境中的"生灭相",便须说"缘生法"来离"生灭相",所以本颂实与颂1关合。颂1说"缘起能王",能断除对生灭现象的执著,由是次第说及诸颂,说到这里即作一总结,由观修缘起,经过:① 依缘起知有,破除无见;② 超越缘起,破除有见;③ 遍知有无,证真实性;④ 由证真实性,而见一切识境现象都为"幻事";⑤ 于如幻三摩地中,现证生灭同时,由是离识境的名言句义;⑥ 次第观修至名言句义尽,是即证法智。这便是由"缘生法"至"证法智"的观修历程,于中,一切道名言,如缘起、缘生、生灭等,无非都是为观修而施设言说。及至现证法智,即能渡越三有海。

说渡越三有海,依龙树的说法,便即是无生无灭、无常无断、无一无异、无去无不去(不生不灭、不常不断、不一不异、不来不去)。离生灭等,便已离却四门的名言句义,亦即离却四重缘起境界的名言句义,由是名言句义尽,即说为出离世间,所以能超越三有海。

第二部分

证成真实及法智

25　异生执实我,有无颠倒过;为惑所转者,是自心欺诳。

【疏】由本颂起,证成论主上面所说的真实义及法智。现在,先比较凡夫与圣者。

于凡夫("异生"pṛthagjana),他们依烦恼及业轮回于生处,是由于"执实我""执实有无"等识境现象,这样一来便有人我执与法我执,这即是"颠倒过"。由此说明,能证真实义及能证智的圣者,便即是能离人我、法我二执。有此二执,可以说凡夫是受"自心欺诳"。

26 智者于有为,无常欺诳法;危脆空无我,是见寂灭相。

【疏】智者则不同,由五种与凡夫不同的差别,得见"寂灭相",是即不受"自心欺诳",这是将智者与凡夫比较,成立证成真实义与法智的大前提。

圣者所见的五种差别,本颂说为"无常""欺诳""危脆""空""无我"。今解说如下:

(1) 有为法既生即灭,每一刹那都住于生灭同时,所以说为"无常"。

(2) 识境犹如幻化,始终一切诸法实无自性,可是却显现为似有自性,所以说为"欺诳"。

(3) 识境一切诸法刹那刹那随缘自显现,凡夫于建立此自显现为有时,实不能恒常建立,如建立为"小孩",于小孩长大后,必须次第建立为"少年""青年""中年""老年",所以识境中一切名言句义建立,都可以说为"危脆"。

(4) 一切诸法,以如来法身性、法界性、法智性为自性,说为本性自性,是即为"空"。

(5) 知真实义,或证法智,即证入"人我空""法我空",是即"无我"。

智者即由这五差别相得见寂灭。

27 无处无所缘,无根无住者;无明因所生,离初中后际。

【疏】圣者见寂灭相,是见有为法(落于缘起的识境)"无处""无所缘""无根""无住"。

不能以识境作为一切法所依处,因为识境刹那刹那变坏,不成依处,是故说为"无处"。

同样理由,不能以识境作为所缘境,所以说为"无所缘"。

一切有为法只能依缘起显现,不能以缘起为根,因为重重缘起都可超越,所以说为"无根"。

有为法既刹那刹那生灭,是即无一有为法能住,所以说为"无住"。

由见这有为法四相,是即见寂灭相。

如果说,既然有为法有这四相,那么它怎能显现出来呢？那便应该知道,一切诸法虽无自性为生起因,但却有以无明为因所生起的显现。不过对于这些显现,既知其无自性,所以便不能说有前际真实的生、中际真实的住、后际真实的灭。由是不能否定凡夫所见的显现(否则便坏世俗),但是却可以离前、中、后际来见一切诸法的显现,此如见如幻、无生,否则即非寂灭相。

28　如芭蕉无实,如乾达婆城；痴暗城无尽,诸趣如幻现。

【疏】依上面所说,圣者依"无处""无所缘""无根""无住"而见寂灭,便如见"芭蕉无实"、见"乾达婆城"。有为法虽显现似为实有,其实无实。如有真实,便应有处、有所缘、有根、有住。

凡夫正因见一切法有处、有所缘、有根、有住,是故便如住于"痴暗城"(为无明所暗处),即入轮回无有尽时。圣者则见六趣(六道)只是如幻显现。

29　此梵等世间,显现为谛实；于圣说彼妄,除彼岂有余。

【疏】外道建立"梵"等世间,如梵天,依外道的说法,"显现为谛实"。但是,即使在世间谛实,如在天人世间谛实,但一离世间即便不能,所以圣者即说梵等显现为虚妄。

颂文说"除彼岂有余",实在是依"善取空"而说。"善取空"是由甲法说乙法为空,于乙法之外,即不能说之为空,因为既是"乙法之外",那便是乙法之所余,"余实是有",这样才能称为"善取"。

现在,说梵等虚妄,是依识境世间如幻虚妄而说,梵既然亦是世间,所以当除其虚妄之后,即更无有余法能说为非如幻而显现。这里是说,否定梵天等显现为谛实,实由善取空而说,不落断灭的恶取空。

说缘起与空,如果一定要"一空到底",连如来法身及如来法身功德都建立为空无,显然便是恶取空。因为如来法身及如来法身功德都非世间有为法,圣者不能说之为如幻,当用如幻来遣除时,显然都是不受遣除的"余外"。说明这一点很重要,若不知善取空与恶取空的分别,当用"无处""无所缘""无根""无住"来遣除如幻世间时,连同如来法身及功德都作遣除,那便是遣除太过了,由是成为坏法。你看,龙树于遣除"梵等世间"时,尚留意及余外,是则我们焉能不顾及余外来随意遣除呢?

30　世间无明暗,随顺爱流行;与离爱智者,见如何相同。
【疏】现在总结凡夫与圣者所见的分别。

凡夫世间受"无明暗",只随顺着贪爱水,流行于轮回河,他们的见地,便不能与离爱的智者相同,正因如此,圣者才能够证真实义、现证法智。

颂文至此,已完成了区别凡夫与圣者。

证成观修次第

31　于求真性者,初说一切有;通达义无贪,然后说寂灭。
【疏】由本颂起说建立观修次第的义理。

依梵本,本颂应译为:

　　于寻求真性　初说一切有　其后知义已　无贪执寂灭①

与汉译比较,理路较清晰:行人既知义,是故无贪执而得寂灭。

寻求"真性"的次第,于初时应说"一切有",五蕴、十二处、十八界皆有,所以依缘起义,亦必先建立为缘起有,因为蕴处界中的识境亦是缘生,不能一入手即说空(下颂说"但闻空性声")。当学人通达重重超越缘起之时,然后才能现证无贪于有,并依此现证果观修而得寂灭。这样次第宣说,才能成立观修次第。

---

①　梵:sarvam astīti vaktavyam ādau tattvagaveṣiṇaḥ/ paścād avagatārthasya niḥsaṅgasya viviktatā //

若诤者说,释迦于初转法轮时已经说有,如说一切法即是五蕴、十二处、十八界,所以若依二转法轮,由"缘生性空"便可以直接说之为空性,更无成立缘起有的需要。

这说法不应道理,因为若不将一切法先说为缘起有,又怎能由观修缘起有来去除对生灭现象的执著呢?本论已明说须由观修缘起才能去除对识境现象的执著,难道说,只需要说"因为缘起,所以性空"便能去除执著?所以认为一说缘生便可以一空到底的人,实在违反了本论所说的次第。既然必须令行者"通达义",才可以由对世间"无贪"而现证寂灭,可见并不是一说缘起,就可以同时说空、说寂灭。

32 不知寂灭义,但闻空性声;不修福德业,损害彼劣夫。

【疏】本颂紧接上颂而说,倘如不先令行者通达寂灭的义理,只说空、空、空,那么便成"顽空",这反而可能对行者有害,因为他可能成为"不修福德业"的"劣夫"。

由上颂及本颂,便知道目前流行说"缘生性空"的过失,以及依据"三系判教"说龙树为"性空唯名"的过失,其实,唯识宗固然不是"虚妄唯识",龙树的中观亦显然不是唯说"性空唯名",至于如来藏更不是"真常唯心"。判教的名相排列得很齐整,令人注目,但决不能说为真实。

33 说诸业果有,众生亦真实;了知彼体性,然后说无生。

【疏】若不知寂灭的义理,对缘生但说为空,于是众生可能"不修福德业",为了避免这种错失,就必须说业果为有。

所以佛说四谛,初说"苦、集"二谛,亦必一定说此为有,更说"灭、道"二谛,便即是说寂灭,是说由空性的道,灭去苦、集,并不是一入手即说空性。倘如不依次第,因为说"缘生",便立即说"性空",有情如果因这说法而落于"性空"边,他必然认为对苦与集不须修断灭,因为苦空、集空故,既然空,何必更作断除,这就全部观修失坏,行者连资粮道都不能入。

我们对"因为缘生,所以性空"的决定见,从多方面来作遣除,并非是失去持平的恶作,实在是必须说出学人一定要依次第,若次第颠倒,不但不能入佛知见,实在不能入佛之门,所以我们讨论的是大事,而不是言说与理论的诤论。

34　诸佛随须要,而说我我所;蕴处及界等,亦随须要说。
【疏】依梵本,本颂应译为:

　　　胜者为言说　　说我所及我　　如是为言说　　亦说蕴处界①

梵颂说为"言说"而说,比汉译为"须要"而说,意思较为着实。

成立业果为有,有情为有,只是佛的言说,为宣示而建立言说。不只如此,连说我、我所,说蕴、处、界,亦是为言说而建立言说。持着佛的言说来作观修,次第通达而至知真实义,这时候就自然能知佛的密意,由是能了知本性而决定无生。

本颂说明先依佛言说的重要,对佛的密意亦必依言说始能了知,所以观修时,绝不可能一入手即说依密意观修。

35　说大种色等,正属识中取;了知彼当离,岂非邪分别。
【疏】依梵本,本颂应译为:

　　　依言说所摄　　由识说大种　　知彼当失坏　　分别岂非妄②

汉译有点混淆,尤其是末二句,梵颂则清晰,既然知道大种"当失坏",还对大种作分别,岂不是虚妄。理路十分清楚,因为这是观修行人的决定。

---

① 梵:mamety aham iti proktaṃ yathā kāryavaśāj jinaiḥ / tathā kāryavaśāt proktāḥ skandhāyatanadhātavaḥ //

② 梵:mahābhūtādi vijñāne proktaṃ samavarudhyate / tajjñāne vigamaṃ yāti nanu mithyā vikalpitam //

言说依凡夫的心识而建立，所以佛在言说中说之为有的一切法，必然只在心识中显现为有，此如说地、水、火、风四大种色为有，亦由心识取之为有。

对佛于言说中依识建立的有，当学人证知一切有法都当失坏，便不会分别其为有为无，如是决定，即能由观修而现证"非有非非有"。

这便是龙树总结他所说的观修次第。

36　唯涅槃真实，是诸佛所说；谓余非颠倒，智者谁分别。

【疏】佛说一切言说，唯"涅槃"此名言真实。若于"涅槃"此名言之外尚有"非颠倒"者，无有智者会这样分别。

本颂于说观修次第后，更说言说非真实，这便是如颂 31 所说："于寻求真性，初说一切有，其后知义已，无贪执寂灭。"（梵颂）因此本颂可以视为是对观修次第的总结。

证 成 中 道

37　何时意动摇，尔时魔行境；若于此无过，有何不应理。

【疏】由"意动摇"即有魔境，这"意动摇"可以解释为众生心意惑乱，亦可以解释为观修行人失去决定见。龙树所说当为后者。

于观修时，依抉择见，次第超越缘起，同时超越缘起有，此时，刹那有觉知现前（这境界每个行人可能不同），然而行者再追逐这境界时，则此境界更不现前，倘如心意惑乱，怀疑自己的抉择见与决定见，便可以说是"魔行境"。若行者意无动摇，无此过失，依然依见地以平常心住于所缘境中，是则"有何不应理"。

这是龙树说观修真实义与法智时之所应为。

38　世间无明缘，是佛所说故；此世谓分别，有何不应理。

【疏】本颂承接上颂，说世间分别，然后于下面二颂再说如何成立中道。

龙树先说世间分别亦非不应道理，如佛说世间，以无名为缘而有行、以行为缘而有识、以识为缘而有名色等等，即是说此世间由分别而成立为有。所以观修行人，不能在观修时有"意动摇"，例如，忽然失去次第，将世间分别说为空性，又或者受人影响，以为知道缘生便可决定性空，于是唯依空性而观修，这便是不知世间分别亦应道理。

本颂的脉络即承接颂 33 等而说，亦即依观修次第而说。先须承认世间分别。必须承认，然后才能说四重缘起有，因为缘起有亦是依世间分别而成有。若不知缘起观修，对本颂及下面二颂便只能泛泛解说。

39　无明若灭时，行等亦当灭；无明妄分别，如何不了知。

【疏】依世间分别"无明缘行"等而说，当无明灭时，行亦应灭；当行灭时，识亦当灭，这就是，当缘灭时，缘生法便灭。

为什么缘灭时缘生法便灭呢？这便是"妄分别"的缘故。种种缘起都是"妄分别"，一如无明之为妄分别，所以凡妄分别的一切法，于其因灭时，便不能成为有。

40　诸法因缘生，无缘则不住；无缘故即灭，如何计彼有。

【疏】依梵本，本颂应译为：

　　因生不孤起　　非缘则无起　　离缘生不住　　云何违认知[①]

梵颂分别说因与缘，汉译则笼统说为因缘，这亦是观修的问题。行者于观修时得决定，须区别因的决定、缘的决定，所以梵颂便较为清晰。"离缘、生不住"，已经是次第抉择：若说因生，则法不孤起，不能只有一个因，非同时有缘不可，离缘则虽有因生亦不成显现，由是决定一切法若所依的因与缘不能成立，则法亦不能成立为有。

---

① 梵：hetutaḥ saṃbhavo yasya sthitir na pratyayair vinā / vigamaḥ pratyayābhāvāt so 'stīty avagataḥ katham //

既决定为"离缘、生不住",如是即不能违反此决定,而计一切法为有,亦即凡"违认知"而成的法,都不能计彼为有。在这里,龙树其实已等如说四重观修的义理。

此如观修业因缘起,当由相依缘起否定业因缘起时,业因缘起灭,因此依业因缘起而成立的"业因有",便"离缘生不住"。所以业因有便不再成为有。

这样重重观修缘起,当超越相碍缘起而现证无碍时,缘起有便澈底不成为有,如是即可由观修中道而现证"无生"。

由颂 39、颂 40,即知笔者所说四重缘起次第观修,实为龙树的教法,倘如由缘生即可说缘生法为性空,龙树便根本不必说此二颂,行人亦不须观修。

41 设若说有师,执法为实有;安住自宗道,于彼毫不奇。

【疏】现在说违反中道的建立。

初说外道。一切外道师都"执法为实有",此如胜论师执极微为实有,世间外道执世间为实有等等。他们的执实,是依自宗之道而建立,因为他们所见的只是世间,世间分明实有,若说之为无,他们反而很难理解,而且一说世间为无,他们自宗之道实必然解体。时至今日,外教实依然如是,非将世间执实不可,他们绝对不可能将上帝建立为无有。因此,他们"说有",对他们来说毫不希奇。

这即如荧光屏上影像世界中的人,执影像世界为实,这其实便是世间之所为,是故不希奇。

42 依止诸佛道,说一切无常;兴诤执实有,彼极为希奇。

【疏】接着说佛家内部。他们既依止佛道,当然要说无常,因为无常是释迦的建立,说为一切法无常,他们不能违反。可是,他们依据自己的宗见,便跟中观师起诤论,说一切法实有,此如说一切有部,即说"三世实有"。承认无常而执世间实有,那就实在"极为希奇"了。

这即如荧光屏上影像世界中的人,既说影像世界无常,却又说影像世界真实,那便是对现象的自性见解混乱。下面颂44即说及此。

下颂起,即破他们的执实见。破执实见亦即是证成中道。

43　于此彼随一,观察不可得;诤论此彼实,智者谁肯说。

【疏】对承认无常而执实的宗见,可以让他们"随一"观察。所谓"随一",即是五蕴随一,无论观色法、受法、想法、行法、识法,是皆不可得。因为五蕴法实在都是依缘生起(在佛内自证智境上,随缘自显现),所以不能说之为实。因此若是智者,便不会对观察不可得的诸法诤论为实。

44　诸有不依止,执我或世间;呜呼是被常、无常等见夺。

【疏】本颂紧接上颂而说。

成立"诸有",实在无所"依止"而说。他们不是依识境在智境上成立,亦不是依识境成立须依缘起,所以违反了"智境上有识境随缘自显现"的诸佛密意。可以说,正因为不懂得世间诸法显现,须依"依止"而说,所以他们才会落在常见或无常见,且由常、无常见而"执我"或"执世间",这样一来,即成思维逻辑混乱。

首先,他们见诸法生起,又复变坏,因此承认无常,但却将无常的诸法视为实有,却不晓得一旦将诸法视为实有时,其实即是建立为常,因为常法必须是实法,亦可以说唯有实法才可以建立为常。为什么呢?若由缘起来观察,缘生法一定不常,因为缘会变坏,而且生灭同时,所以常法必非缘生法,非缘生才可以说为实法。由此可以决定,只有非缘生的常法才能说为实法。或者可以反过来说,实法必非缘生,所以是常法。

其次,造成上面的思维混乱,实在是因为决定错误。对缘生法作决定时,若决定是无常,则缘生法必然无生,是即不能说为真实;若是真实,必须决定缘生法为生,但这样一来,就不能说之为无常。

45　许诸法缘生,又许实有性;常等过于彼,如何不生起。

【疏】依上颂的分析,若说诸法缘生,又说诸法实有,在逻辑上已陷于矛盾,是即怎能不生起"常"等种种过失呢?

说"常等过",在本颂是指常见与断见,由此可引申为生见与灭见、一见与异见、来见与去见。这是依不同层次的缘起而引申。如依业因缘起说为生灭、依相依缘起说为常断、依相对缘起说为一异、依相碍缘起说为来去。

下颂即说对于"中道"的正建立。在《中论》,龙树即依此"八不"而说中道。

46　许诸法缘生,犹如水中月;非真亦非无,不由彼见夺。

【疏】如上所说,依中道见观修缘生,可比喻缘生为"水中月"。这样的观修可以决定为"非真亦非无"(非有非非有),所以便不受生灭等见所夺,亦即能不依生灭等见而作观修的决定。

"水中月"的喻,不能说之为真,若依四重缘起观修,可以次第有四种抉择见。

一、依业因而言,因为有水、有影,所以才有水中月影,所以水中月是因缘生起,不能说为真实。

二、依相依而言,水中月影依止水而成立,但水波相续流动,所以实无一固定的水中月相可得。水中月相只能说为相续相,所以连相都不能说之为真。

三、依相对而言,相对于空中月相,水中月相,自然非真。

四、依相碍而言,水中月是适应客观环境的局限而成立,譬如要有水、要水不起浪、要无遮隔等等,所以可以说为任运圆成,即亦不能说之为真。

然而,既有月影显现,是即不能说之为无,这就等如世间一切诸法缘生,虽不真实,但却分明显现,所以不能说无。

非真非无(非有非非有)便是中道见,此由缘生而可正成立,不落邪分别。

证 成 无 生

47　许诸法实有,当起贪瞋见;受剧苦暴恶,从彼起诤端。

【疏】依梵本,本颂应译为:

生起贪与瞋　著于极恶见　且为诤论端　由许实有故①

本颂实说不识无生的过患。

若不悟入无生,必然依四重缘起,次第建立为有,至于落在哪一重缘起来建立,只是根器与宗见的问题。如唯识末流,往往落于相依缘起;如中观末流,往往落于相对缘起。无论落在哪重缘起,若执缘生为有,必然同时起"贪瞋见"。对实有诸法的生起起贪爱或瞋恚,或者对实有诸法的坏灭起贪爱或瞋恚,由是"著于极恶见",并且依执实见而起"诤论端"。

平实而言,亦并非只是执一切法为实有,才有这些过失,说"因为缘生所以性空,正由于空才可缘生",这亦其实是执实见,因为已经执实缘生即是空,同时执实只有空才能够缘生,这已经落于识境的名言概念,若依龙树的八不中道,应该决定,缘生是"非有非非有",性空亦是"非有非非有"。

若唯依识境来理解缘生与性空,那么缘生与性空便唯是识境中的法,行者无论如何观修,都不能说之为"非有非非有"。

若依随究竟见,依相碍缘起来作决定,那便不是唯依识境,因为在相碍缘起中已经引入如来法身功德,这时超越相碍缘起,决定无碍,现证无生,便自然可见识境中一切诸法"非有非非有",这才是依

---

① 梵:rāgadveṣodbhavas tīvraduṣṭad ṛṣṭiparigrahaḥ / vivādās tatsamutthāś ca bhāvābhyupagame sati //

中道而现证的无生见。由此可知,无论依识境来理解,或依任运圆成来理解,中道必然须决定为"非有非非有",不能将缘生与性空相依,然后自以为是胜义与世俗相融,说此相依为中道,其实说相依并未超越缘起。

48　彼为诸见因,无彼惑不起;故若遍知者,见惑皆蠲除。

【疏】依梵本,本颂应译为:

　　彼为诸见因　无见无烦恼　是故遍知者　见尽烦恼尽[1]

梵颂与汉译无甚差别。但汉译"烦恼"为"惑",一般应指"本惑"而言,此处则指"见惑"。

若见生灭、常断、一异、来去等法实有,于是即成种种邪分别的因,如见有能取所取、常法断法、前际后际等,是故证入中道遍知有无,便无见惑。若有见惑,即成烦恼。

龙树在《法界赞》中说言:

　　以兔角喻牛角喻　此为如来所现证
　　是故于彼一切法　除中道外无所有

此颂说,现证兔角喻、牛角喻便是如来现证的中道。在《入楞伽经》中,如来说,兔角非无,只能说之为"非有非非有"。为什么呢?因为落于有无见,都只是执著名言与句义而说,说兔角为无,只是执著于"角想"("角"这个概念),若无此"角想",根本便不会说兔角为有为无,因此,在智识双运的境界中,依识境显现而言,可以说兔角"非有",但依双运而言,此"非有"亦非实相,只是名言相,所以还要"非"掉这个"非有",是即"非非有"。

---

[1] 梵:sa hetuḥ sarvadṛṣṭīnāṃ kleśotpattir na taṃ vinā / tasmāt tasmin parijñāte dṛṣṭikleśaparikṣayaḥ //

龙树如是说中道,说"非有非非有",便即是颂46所说的"非真亦非无"。由是而知,若入中道,必须遣除世间一切名言句义种种戏论,如释迦所说之遣除"角想"。

49　由谁了知彼,谓见缘起生,缘生即不生,一切智所说。

【疏】依梵本,本颂应译为:

谁能遍知彼　谓见缘生者　缘生即不生　胜智者宣说①

梵颂与汉译无甚分别。

谁能了知中道呢?是指能见"缘生"的圣者。能正见"缘生",便能悟入无生,因为一切智(佛陀)说"缘生即不生",这是佛的现证,且依现证宣说,故本颂即由佛的现证,证成无生。

由"无生"调伏见惑

50　为倒知所伏,非实执为实;执著诤论等,次第从贪生。

【疏】本颂先说见惑。

若受颠倒知见("倒知")所伏,将不实的诸法执以为实,由是"执著诤论",这两种执著,实"次第从贪生",即执著的根源由贪而起。

若对世间的名言与句义都无贪爱,那就不会执著"角想"等戏论,所以执著戏论实由贪爱戏论而来。唯依识境名言句义来说佛法,亦是不能不贪爱戏论。

51　彼诸圣者等,无宗无诤端;诸圣既无宗,他宗云何有。

【疏】诸圣者不立宗见,由是才能名言句义尽、一切戏论尽。

---

① 梵: parijñā tasya keneti pratītyotpādadarśanāt / pratītya jātaṃ cājātam āha tattvavidāṃ varaḥ //

本颂否定种种宗见,这才是龙树的基本立场。有学者说应该称龙树为"缘起宗",其余诸宗为"自性宗",那便亦是落于宗见,他似乎没有看到龙树说"诸圣既无宗"。

龙树问言:"他宗云何有",实可以说为"应成见"。"应敌成破"即是破去他宗所立的名言与句义,破去种种"想",所以是究竟见,若以缘起为宗,可以说是有"缘起想",因此便亦落于"想"来说如来藏 Tathāgatagarbha 的 garbha 为外道见。再由此,起诤,便否定天台、华严诸宗,恰如本颂之所说。

52　若计有所住,曲惑毒蛇缠;谁之心无住,不为彼等缠。

【疏】颂言"若计有所住",即是住于宗见,凡住于宗见,都可以喻为"曲惑毒蛇缠"。唯有心无所住,才能不受见惑毒蛇所缠,凡见惑,都是曲惑,曲则非正,故喻为蛇。

53　诸有住心者,惑毒何不生;何时住中间,亦被惑蛇缠。

【疏】凡有所住心的学人,必落于见惑。若无宗见的凡夫(住中间),虽无宗见,但落于名言句义而有"想"(概念、戏论),所以他们"亦被惑蛇缠"。

54　如童执实有,于影像起贪;世间愚昧故,系缚境笼中。

【疏】此如童蒙执于实有,实在只是执一影像为实有,那是由于他对"影像起贪"之故。所以凡对"世间愚昧"的人,都是自缚于识境的牢笼里面。

本颂将"诸有住心者"比喻为童蒙,敢于否定一切宗义,即是由观修中道而成的究竟决定见,并以此决定除一切见惑。

55　圣者于诸法,智见如影像;于彼色等境,不堕事泥中。

【疏】圣者则不同,由证智见识境("色等境"),一切法犹如影像,所以便不陷于"事泥"里面。所谓"事泥",即是由生灭等现象建立为有、为无等事,如是建立有如泥沼。

56　异生贪爱色,中间即离贪;遍知色体性,具胜慧解脱。

【疏】依梵本,本颂应译为:

　　人于色愚痴　　中者习离贪　　知本性解脱　　觉彼色碍暗①

梵颂的说法跟《宝性论》所说相同。凡夫为不净、菩萨为染净、佛陀为圆满清净。故依次第说菩萨为"中者"。《宝性论·第一品》颂47云:

　　不净与染净　　及圆满清净　　次第相应者　　凡夫菩萨佛②

由本颂起,正说如何调伏种种见惑。

凡夫贪爱色法(贪受识境),即对色法愚痴。

至于菩萨,虽不对色法愚痴,却亦须由观修来制御内心,使能离贪爱。这些贪爱便是各地菩萨的各各两种愚、一种粗重(详见《瑜伽师地论》)。

至于佛陀,能遍知色法等识境的体性,这便是了知一切诸法本性自性空,这便去除了种种见惑的根源,因为能了知一切诸法都无非影像,是即"觉彼色碍暗"。无"色碍"作"暗",即是无生的境界。

57　执净起贪爱,反之则离贪;已见如幻士,寂灭证涅槃。

【疏】若说,我住于清净见。那么便是对清净见起贪爱,一如唯空的学者,以空为清净见,因此对空贪爱。又或者以缘起为清净见,因此

---

① 梵:bālāḥ sajjanti rūpeṣu vairāgyaṃ yānti madhyamāḥ / svabhāvajñā vimucyante rūpasyottamabuddhayaḥ //

② 依谈锡永译:《宝性论梵本新译》,台北:全佛文化,2006年。

对缘起贪爱。他们实在不知道缘起与自己建立的空性,其实都是落于识境的牢笼,因为他们是将缘起与性空同时依世间的名言句义建立。

若对清净见亦不贪爱,对佛的言说亦不贪爱,这才可以说为"离贪"。由离贪才能见一切诸法任运圆成,是故如幻,由是才能"寂灭证涅槃",无生即是寂灭,即是名言句义尽。

本颂说"起净执"者应如何调伏。

58　倒想起热恼,烦恼诸过失;通达有无体,知义即不起。

【疏】由见惑颠倒想,起热烦恼等过失,调伏之道即在于"通达有无体",知有体无体的真实义,如是颠倒想即不起。

本颂说如何调伏有错误见地者。

59　有住则生贪,及离贪欲者;无住诸圣者,不贪离贪非。

【疏】调伏的具体方法,须由"无所住"而成办,有所住固然生贪,但有所住亦可能落于"离贪见",因为,执著于离贪,也是落于心有所住,亦即落于有所住的名言句义中。

圣者无住,固然不贪,同时亦不执著离贪,所以说"不贪离贪非"(无贪无离贪)。

由是即言,正确的观修,是无舍离而舍离名言句义,是即于观修中名言句义自然尽,这必须由重重超越而成,于重重超越中,还须交替观修,二地至十地菩萨的止观,可以说都是交替与超越。

60　诸思维寂灭,动摇意安静;烦恼蛇扰乱,剧苦越有海。

【疏】总结对治见惑,即是"诸思维寂灭,动摇意安静"。

说"诸思维寂灭",并不是不作思维,只是不依识境的名言与句义来思维,如佛说对兔角的观察,应离"角想",便是离名言与句义来思维的好例。如来藏为佛家的究竟见,便是因为如来藏是智识双运的境界,这已经是识境名言句义尽的境界,也可以说是无所住的境界,由是自然

"诸思维寂灭",同时动摇的心识亦得安静,说为"动摇意安静"。

我们在识境中生起一切觉受,都必然落在名言句义而觉,于证入寂灭时,名言句义自然尽,那时并不是无觉受,只是不复依名言句义而觉,此即名为本觉。

现证无生即由本觉而证,所证的境界便即是寂灭,由此始能入无住涅槃。由是即能渡越为烦恼蛇所扰乱的"有海"。

所谓调伏见惑,其实亦可以说是无调伏而调伏,因为当证入无生时,见惑自然尽,是即入无所住,一切见地都不生起,自然无宗见可持。

上面所说的调伏,亦是龙树具体说及观修。行者观修的过程,是先持抉择见来抉择所缘境,再依抉择观修,由此得一决定见,依决定见观修,便能现证决定见。在这过程中,既有抉择见,又有决定见,似乎观修行人必须落于见地。龙树在这里,便提出心无所住这个原则,依此原则,对决定见与抉择见,都必须超越,这样便不会落于见地之中。

通常所作的超越,是将下一重观修的决定见,作为上一重观修的抉择见,观修至得一决定时,下一重观修的决定见便自然尽。这是观修的密意,非常重要,学人若不知如何超越及如何尽,可以说其观修实不成观修。

61 以此之善根,回向诸众生;集福智资粮,愿得福智身。

【疏】本颂为论主回向。由本论众生可集福德资粮、智慧资粮,是即能得"福智身"。

疏　者　跋

本论译者任杰居士有译后记云:1962年11月2日译于中国佛学院,1985、1986年重校于北京。

疏文于 2013 年 3 月圆满。自信疏文能得龙树菩萨本意，若有少分功德，回向当前历乱世间一切有情，更不闻天灾人祸、疾病灾劫之名。

无畏记

二、《七十空性论释》

梵名：*Śūnyatāsaptati-vṛtti*
藏名：*Stong pa nyid bdun cu pa'i 'grel pa*

《七十空性论》(*Śūnyatāsaptati*)是龙树说观修空性而至现证"无生"的一篇重要论著，是故笔者亦依观修来作疏解。

《七十空性论》的根本颂及释论皆龙树论师造。除此之外尚有两篇释论，造释论者一为月称（Candrakīrti，七世纪初），一为波罗呬多（Parahita，十一世纪末）。龙树的根本颂及三篇释论皆无梵本传世，但在西藏都已译出。龙树释由胜友（Jinamitra）及智军（Ye shes sde）于九世纪初译为藏文，题为 *Stong pa nyid bdun cu pa'i 'grel pa*（译名《七十空性论释》），收北京版《西藏大藏经》，编号5231；月称释由无畏行（Abhayākara）及法名称（Dharma-grags）于十一世纪末译藏，亦题为 *Stong pa nyid bdun cu pa'i 'grel pa*，收北京版《西藏大藏经》，no. 5268；波罗呬多释，由其亲自译为藏文，同译者为童胜 Gzhon nu mchog，题为 *Stong pa nyid bdun cu pa'i rnam par bshad pa*（译名《七十空性论注解》），收北京版《西藏大藏经》，no. 5269。

此论并无古汉译本，直至1939年始由法尊译师依胜友及智军的藏译本译出，所以译出的已包括根本颂及龙树释论。今即据法尊译而疏，只于少数处对译文略作改动。

本论在西方似乎亦未受到重视,可以参考的资料不多①。

依月称论师的说法,此论为《中论》第七品的余论,品中颂35言:"如幻亦如梦,如乾闼婆城,所说生住灭,其相亦如是"。生、住、灭是有为法的三相,本颂即说三有为相皆不真实,可是佛经中屡屡说三有为相是有,因此便可能引起学人的质疑,何以佛说为有,《中论》则说为非有,所以龙树便造《七十空性论》来解释,说佛之所以说有,只是"假名有""名言有",若依真实,则为非有。

月称论师这个说法,几乎成为定论,直至近代才有质疑,论者认为全论所说实不止于此。笔者基本上同意月称论师的说法,因为全论主旨实说无生,由无生便可以引申出无住、无灭,这便符合前说《中论·第七品》颂35的颂义。不过,除此之外,笔者还认为《七十空性论》实用七十三个颂,依次第说四重缘起及其超越来说无生。本文即是依此观点为本论作疏,曾收入《四重缘起深般若》一书中。现在因为要说密意,所以将部分疏文改写,再在此发表,说明由"缘生性空"的观修真实义,同时亦说明了由观修而现证"无生"。

必须由无生来理解本论,才能对本论有应得的尊重,假如认为龙树只是说"假名有"、"名言有",那么本论的意义便给降低了,《金刚经》将这问题已经说得非常清楚,何须龙树另立一论来加以说明。本论正是通过"假名有"、"名言有"来认识佛家如何依缘生来成立有,这样才可以通过种种缘生义,来次第超越依缘生而成立的"假名有"、"名言有",由重重超越才能建立唯有假名的"缘生性空",及至究竟超越而至无碍,行人即能了悟无生。

---

① 于欧美的佛学研究,本论亦未受到重视,可参考的翻译及研究,计有 David R. Komito, *Nāgārjuna's "Seventy Stanzas": A Buddhist Psychology of Emptiness* (Ithaca: Snow Lion Publications, 1987); Chr. Lindtner, *Master of Wisdom* (Berkeley: Dharma Publishing, 1997); Ram Chandra Pandeya, *Ācārya Nāgārjuna Kāniḥsvabhāvatādarśana: Mūlamadhyamakakārikā, Śūnyatāsaptati, evaṃ Vigraha-vyāvartanī ke rupāntaraṇoṃ sahita* (Dilli, Bhārata: Ī sṭarna Buka Liṅkarsa, 1990)等。

文中标"论"字，为法尊译的龙树自释论；标"疏"字则为笔者的疏文。

一、前颂：说"缘生性空"义

1 生住灭有无　以及劣中胜
　佛依世间说　非是依真实

【论】生、住、灭、有、无、劣、中、胜种种，佛唯依世间名言而说，非依真实。

【疏】世间唯是现象（相），依现象而有概念，如是即将现象显示为名言（名）。凡庸者执著相、名来成立现象为有，于是便建立了轮回界。佛说法时，亦依这种世俗的建立来说名言，用以宣示，可是，并不是用名言便指为实有，所以说佛"非是依真实"而说。本论所明，即是真实。下面诸颂即为"真实"作建立。

本颂建立"名言有"，由下颂起，即说用"缘生"来超越此名言有。

【论】问言：如现说"我"等，此岂非有？复有说"无我慧转"，故定应有我。

答云：

2 说我说无我　或说我非我
　名言无实义　空性如涅槃①

---

① 此颂依藏译本重译。此颂藏译如下：
/ bdag med bdag med min bdag dang / dbag med min pas brjod 'ga'ang med / brjod bya mya ngan 'das dang mtshungs / dgnos po kun gyi rang bzhin stong //
法尊译为："无我非无我，非故无可说，一切所说法，性空如涅槃。"

【疏】龙树于此颂未作释。

质疑的人说：佛亦说"我"，又说转"我"而成"无我"，证无我慧，是则定应有"我"。

这说法不应理。因为名言无实义，故"我""无我""我非我"等名言皆具空性，一如涅槃所具之空性。

这里说涅槃所具的空性，便等于是说如来法身的空性。本来我们不能跟如来法身定性，现在施设为空性亦只是施设而已，并非真实的如来法身性，可是如来法身性根本无法说出，便只能姑且施设为空，用以符合如来法身功德的定位性。为此，龙树只在本颂决定"名言无实义"，且说可以现证为"空性如涅槃"，却并未说如何成立名言为空性，亦未说为什么空性如涅槃。

这就是本论的作意了。知"真实义"，便知为何"名言无实义"；现证法智，便知"空性如涅槃"。关于真实义与法智，在《六十正理论》中已详说，本论只着重说真实义与证法智的次第观修。

说名言有，一般人只是说名言不真实，但龙树则不同，要由无实义与空性如涅槃来说，并由此建立成一篇论，这样就可以看出一般人落于笼统的缺点，由此亦可见，不能用口头推理来理解佛的言说，不由观修作决定及现证，便亦不能知佛密意。

【论】问言：汝说一切法自性空者，为依国王教敕而说，或为能成通达一切法皆空性之正理耶？

答云：

3 一切法自性　于因或于缘①
　　若总若各别　无故说为空

【论】一切法自性，于因或缘中，或于因缘和合中，若悉皆非有，故说一切法自性都空。

---

① 法尊原译为"于诸因缘中"。今改译。

【疏】对于空性或起质疑,是像国王下令一样,由权威来成立空,抑或由正理来成立空?所以龙树便依正理来成立空性。

凡夫依相、名来建立一切法有,佛家可以用"业因缘起"来加以否定,这样,便成立了"因缘有"(业因有)。对如何成立"因缘有",龙树未说,因为在《中论》说"缘生"时已经说过。现在只是说如何成立"因缘有"为空。

龙树在本颂中,说应如何观察"因缘有"。这是观察缘起的通则,即是由上一重缘起来超越下一重缘起,如是观察。

先以观察"业因缘起"为例。我们在因中、在缘中、在因缘和合中作观察,都没有所成立之法的自性,那么,这"业因有"便可以说为空性。这似乎即是对"业因"作全面观察了。然而不是。

龙树的说法,实在是由"因""果"来观察。颂中所说的因、缘、和合,可以统说为"因",所成立之法则为"果"。所以,龙树在颂中已经建立了"因果相依"。由是便可以由相依缘起来超越"业因有",同时成立"相依有"。超越与成立一定同时。

现在很多学人不知道超越缘起的观察,所以他们说,一间房子是由砖瓦木石造成,砖瓦木石都没有房子的自性,就可以说这房子为空性。这种说法,在古代还可以方便成立,但到了现代,便不能说为方便了,因为可以引起诤论。

此如化学家一定不肯承认这个说法,氢原子与氧原子结合可以成为水,亦可以成为重水,谁都知道氢、氧原子没有水或重水的自性,但一经结合,便不能依此而说水无自性、重水亦无自性。因为化学家分明知道水与重水有不同的性质,而他们都是由氢原子和氧原子结合而成,假如否定这结合,那就不合理,显然由结合的不同,就有水与重水的不同,所以就不能简单地以氢、氧原子无水或重水的自性,便否定水与重水的化学性质以及化学变化。

因此可以说，现代若依然跟从古代的说法来解释龙树这个论颂，其缺点则暴露无遗，引起诤论，很难辩解。然而这并不是龙树的错，只是解释者的错，错在龙树实由因果相依来作观察，而解释者却不懂得超越缘起，依然站在"业因缘起"的立场来成立"因缘有"的空性。

四重缘起说重重超越，便没有上述的缺点。无论氢、氧原子如何结合，都只是因，无论水或重水如何显现，都只是果，所以依"因果相依"而建立为"相依有"，化学家一定认同。

"超越"是观修的重要手段，十地菩萨亦无非是上一地超越下一地，因此必须知道超越，才能通达"缘生性空"。下面即有所说。

二、由四重缘起成立"缘生性空"

以下各颂说缘起的破立，有点复杂，现在先介绍一些基本原则：

成立相依必须满足两个条件，缺一不可，一是二者不能相离；二是二者必须同时。此如浮云依风吹而动，在云动的当下，风与云必不相离，而且风吹必与云动同时，是故便可以说"云与风相依"。说因果相依，因为因果不能相离，离因则无果，离果则无因，而且当因起现行时，果报必然同时生起。

成立相对的条件，刚好与相依相反，可以相离，不必同时，但两个条件无须都满足，只要有任一条件，即便可以否定相依而成相对。此如说美丑，美与丑可以相离而说，而且不必同时成立美相与丑相，所以美与丑便是绝对的相对。

但如果说，甲比乙美，那就是相依而非相对了，因为要比较，所以甲乙二者即不能相离，但美与丑的观念却非同时成立。

所以可以说心性跟法性相对，因为二者分别为智为识（为理为事），必不同时。但假如说心识中本有法性（称为"心法性"），因无明颠倒，心法性显现为心性，那么，心法性跟心性的关系，便可以说为相依了。因为心中的法性（心法性）跟心性的关系不同于法界的法性跟心性的关系，心法性一定跟心性同时俱在（否则便有两个心），而且二者不能相离（能相离便亦有两个心），所以就是相依而不是相对。

此外，还有最重要的一点，名为"互为生因"，这是龙树破外道的利器。若说甲与乙相依，倘如可以证明，甲是乙的生因，乙亦同时是甲的生因，那么，甲与乙的"相依有"及"相对有"便都要破。

下面即有"父子"的例、"无明与行"的例，于此不赘。

至于相碍缘起，一切诸法其实都是由"任运圆成"而成显现。什么叫做"任运"呢？一个生命形态的存在与显现，必须适应识境中相应的局限。能适应，生命形态则显现；不能适应，生命形态则不成显现。对局限的适应就称为"任运"。

甚至人的心识亦须适应局限，然后才能起心的行相，所以心行相亦可以说是任运圆成，这样一来，我们就可以说，识境中具体的形象与抽象的思维，都非"任运圆成"不可。由于存在与显现的局限，即为相碍，所以"任运圆成"便可以说是依相碍缘起而圆成。

依相碍缘起可以破其以下的三个缘起，这即是依"任运圆成"来超越业因、相依、相对，所以是最高的缘起建立。由于最高，所以便更没有缘起可以超越它，在识境中，可以说一切法是"相碍有"（任运圆成而有），而且"相碍有"真实。唯识今学就把任运圆成称为"圆成实性"。不过当超越识境来观察时，由智识双运的大平等性来见成立识境的局限，这些局限便只能说是识境中的真实（例如三时、三度空间），在法界中即不能说为真实，这时候，相碍缘起才被超越，这便是各地菩萨观修的"无碍"。

4　有故有不生　无故无不生
　　违故非有无　生无住灭无

【论】法若已有,则不从因生,已有始名为有故;无,亦不从因生,以无故。

有无相违亦不得生,不相顺故。

如有无相违,其"非有非无"又岂能生。亦是相违法故。

以生既无,则住、灭亦无。

【疏】本颂由相依缘起说观察"业因有"不得成立为有。证成其无四边生,即证成其为无自性而有。

"四边"即谓有、无、二俱(亦有亦无)、二俱非(非有亦非无)。观察有无,实只有这四边,亦即只有这四种可能。"有"与"无"实依四边而成立,若无四边的概念,必然不会说有说无,所以可以说为"相依有"。

关于"相依",龙树在下面颂13举例为"父子"。父与子相依,因为人若无子,则不能有父之名,所以可以说"有子始有父",是即父依子而成立。凡说相依,必由因果相依而说。"父子"的例,便是以子为因,以父为果。上说有无与四边,则是以四边为因,以有无为果。

龙树本颂,是说由因观察果的通则,如观察因,即从四边来观察。四边是:一、因中若已有果(法尔有),则不能说果从因生,因为果早已在因中;二、因中若本无果,亦不能说果从因生,因为不能无中生有;三、若说因中早已有果,因中本无有果,这说法互相矛盾,不能成立,是故不能说果法由此矛盾中生;四、若说因中不是早已有果,因中不是本无有果,这说法也同样矛盾。

这样观察,即是根据"相依缘起"来观察"业因有"的因,如是观察四边不生,便成立了"业因有"为空性("无故说为空")。

须要注意的是,在这里,只成立"业因有"空,并未否定同时成立的"相依有"。

或问：上面之证成，何以说必须由相依而观察。因为你举例水与重水，可能只是一个特例。

答云：上面所说实必由"相依缘起"始得证成。今且略说其意趣。

如上面观察因缘中是否有"业因有"，倘仍居于业因缘起此层次，如观察瓶，即等于问：陶师中有瓶否？陶土中有瓶否？陶轮中有瓶否？此等观察世人定不以为然，明知故问。由是将陶土等作四边观察，皆应不为世人接受，他们必然说瓶就是瓶，瓶宛然俱在，何必要追究到陶土、陶师、陶轮。

若居于"相依缘起"，上面观察即可成立。

我只是观察因果，依因果的关系来看因中是否有果，因中是否无果等等，这便不是明知故问，亦不是追究个别因缘，所以这种观察世人就可以接受。此如观察氢、氧与水、重水，我没有否定氢、氧可以生成水或重水，只是说氢与氧的自性、氢氧和合的自性，没有水与重水的自性，因此若以氢、氧及和合为因，水与重水为果，如上作四边观察，就不能成立水与重水为"业因有"，只能说是"相依有"（水与重水依氢氧和合而成为有）。化学家必然同意这个成立，这正是他们的说法。

这样说来，"相依有"便可以说为方便，而且任何时代都是方便，除非你否定因果。

"业因有"则不成方便。

【论】问言：佛说有"三有为相"，谓生、住、灭。又说"生时有生"，故有为法定应有生。

答云：

5　已生则不生　未生亦不生
　　生时亦不生　即生未生故

【论】已生则非所生。何以故？已生故，故已生者即非所生。

又未生者亦非所生。何以故？尚未生故。诸未生者即非所生。离生作用、势力，自体非有，故非所生。

又正生时亦非所生。何以故？此即已生及未生故。若是已生未生，仍如前说，〔说为〕非是所生。其已生者，已生讫故非是所生；其未生者，尚未生故、离生用故、无势力及无体故，非是所生。由离已生、未生、无别第三生时，故亦非所生。

【疏】现在接着破"相依有"，此依"三时"而破。为什么用三时破，因为已生、生时、未生即是三时。

本颂亦见于龙树《十二门论·观生门第十二》。鸠摩罗什译此颂为：

　　生果则不生　不生亦不生　离是生不生　生时亦不生（大正·三十，167a）

佛说"三有为相"及"生时有生"，实依言说，但行者由上面论主成立"相依有"，便可以说，佛说生住灭等，既然可以由相依成立为有，因此便可以依佛的言说来作诤论，说"有为法定应有生"，因为你已经说"相依有"。

今则超越"相依缘起"，乃以"三时"而破其说，即谓我非以"相依有"成立佛所言说名相为究竟有，因为若依"三时"观察，则"相依有"亦实无自性：如是始是向上一层建立而破疑。龙树造论言简意赅，须如是理解始知其意趣。

龙树造论常用"三时"作破，且为究竟破，故为其破敌之利器。"三时"者，可名为"相碍缘起"，三时中，过去、现在、未来，都是"时位"，我们这个世间，一切诸法都必须适应三时这个局限而成立，是即相碍。而且，三个时位亦彼此相碍，此如在过去位即不能同时在现在位与未来位。如果用空间来说，过去位的空间，亦是现在位空间、未来位空间的相碍。由于"相碍缘起"可以通说时空来观察一切法，所以是最高缘起法则的建立，由是能除一切疑。

今破"相依有"之有自性，其说如下：

111

依因果相依,若说因已生果,那么果便处于"已生时"位,则此"生"定非于此时位上生,以时位已定义为"已生",故果即非因之所生。

若所谓"生"之一法,处于"未生时"位,则此"生"亦定非于此时位上生,以时位已定义为"未生",未生即无"生"之作用与势力,既无"生"之体性,是即非其所生。

于此例中无第三时,以所谓"生时",亦无非为已生或未生,故不须说。如是离"已生""未生"二时位,已证成"相依有"亦无自性,如是证成无生。

至于无"生时"(无第三时位,即现在时位)可能引起疑问,为什么没有现在呢?这个问题,龙树在《中论·观去来品》中已说,笔者在《四重缘起深般若》亦已详细解说。大致上,龙树是依"去"而说,没有"去时",只有"已去时"与"未去时",因为"去者"(作"去"这种运动的人)站立不动便不是"去",若一举足,那么,不是"未去",便是"已去",这样由"去"的运动来理解没有"去时",实在十分生动。由此,虽然一度时间可以分成三时,但实际上却只有"过去位"及"未来位"。

6　有果具果因　无果同非因
　　非有无相违　三世亦非理

【论】若有果者,具足果故说名为"因";若无彼果,则同"非因"。若非有果非无果,则成相违,有无应不俱存故。

又于三世因亦非理。何以故?因若在前,因是谁因?因若在后,复何用因?若说因果同时,此同时而生之因与果,又以何为因?

如是说三世因亦非理。

【疏】上颂破"相依有"、用"三时"相碍而破,今则用相对缘起更破。

何以须更破,因为前颂之破,其实是破三时,再由无三时来破生的相依有,现在不用三时来破,便须用相对缘起来破。

相对,是因果的深一层说法。

说因果相依,其实有一个局限,只能依因起现行时而说,如说风吹云动相依,只能依"风动"而说,不能依"风"而说,风未吹至云时,便是因未起现行,所以不能说凡有风就必有云动这个果,只能说凡受风吹,云才会动。我们上面也曾举过一个例,美与丑必须说甲比乙美才能说相依,否则便是相对,所以,如果不管那个因有没有起现行,当通说因与果时,便只能说,因相对于果而成为因,果相对于因而成为果,此即如只说美丑,而不是说甲比乙美。

现在,建立相对,如果依缘起来说,在因果关系中,"生"即是果,缘起即是"生因"。此二者相对。于说缘起及生时(记着:只如说美与丑,不是说甲比乙美,因为观察"生",于中实无比较),依相对而施设三种情况:因中有果,因中无果,因中非有果非无果。如是若既有果,则此因已即是果,不能说为生起一果;若然无果,则此因是为非因,是亦不能生起一果;说二俱非则成相违,由是据相对即可破"相依有"之生为有自性。

颂末句破三世因(三时因),是顺带而说,因为前颂是用三时破,所以这里便一提"三世亦非理"。

【论】问言:有一、二、多等数,数应理故,是即非一切法空。须有此法然后有数,故一切法非皆是空。

答云:

7 　无一则无多　无多亦无一
　　以是一切法　缘起故无相

【论】若无一者则无有多,多若无者一亦非有,故诸法皆是缘起,以缘起故即为无相。

【疏】上颂既成立"相对有",而数之一与多,实亦皆相对而成立,是即为"一异"之相对,因而即有质疑,相对成立的"一异",必然是有,成"相对有"故。所以更须说本颂加以否定,否则即成立问者之所言,"数应理",不得说一切法空。

此须依相碍缘起而破。

于相对中，一与异（多）相对，故一与异即应成"相对有"。然若依相碍而观察，一与异相实为相碍相，适应局限，任运现为一相时，即碍异相的生起，亦即既成一相后便再不能任运，由是即不能显现为多；同理，于现为异相时，则碍一相的生起。此例如化学家所说之分子，现为一相，而其实由原子构成，此原子便即是多。既构成分子，便碍原子之成为异相（多原子相），人即说分子相为一；若分子分裂，现原子相，人即说此一分子实为多原子相。由是即知一多皆是相碍而成。

如是一异相皆由相碍缘起而建立，故一切法之"相对相"实仅为其于空间中之相碍状态，若由"任运圆成"来看，便应说其相对有为无自性。

如是以相碍缘起破"相对有"讫。

上面由颂4至颂7，据相依缘起破由业因缘起成立之"因缘有"；复据相对与相碍缘起，破由相依缘起成立之"相依有"；又据相碍缘起，破由相对缘起成立之"相对有"。如是重重深入（亦可说为重重向上），即由四重缘起证成一切法缘生无自性，唯有名言。

三、证成超越缘起即是"无生"

【论】问言：经中广说缘起能有苦果，诸传教者亦说一心中有及多心中有。

答云：

8　缘起十二支　其苦果无生
　　于一心多心　是皆不应理

【论】经说十二缘起有苦果者，此即无生。

以其于一心中有、多心中有，皆不应道理。何以故？若一心者则因果俱生；若多心者，则前支已灭，应非后支之因。俱非理故，缘起即是无生。

【疏】颂文第二句，笔者改译①。

此因上面破一异，故可引起疑问：十二支即是异（多），佛说此十二支能成苦果，是则此苦果为于一心中有，抑于多心中有？此说"一心中有"者，即是说，当知十二支任何一支时，同时领受由此支引起的苦果。如知无明，便同时领受由无明所引起的苦果（行），若说"多心中有"，即是当知无明时，未领受行为苦果，然后由第二念始知行为苦果。

问一心多心，此问即为抉择时对上颂之建立有疑，故更作观修抉择。

今言，说十二支之苦果，其实即说无生。何以故？若为一心，即心相续，如是于领受十二支之任何一支（前支）时，同时领受其苦果（后支），是即因果（前支与后支）同于一心中生起；若为多心，即心不相续，如是前支灭时即不能成为后支之因。是故一心多心二者皆不应理。

《十二门论·观因缘门第一》亦引用此颂，且有释论，今摘引如下：

> 如《七十论》中说："缘法实无生　若谓为有生　为在一心中　为在多心中"，是十二因缘法，实自无生。若谓有生，为一心中有？为众心中有？若一心中有者，因果即一时共生，又因果一时有，是事不然。何以故？凡物先因后果故。若众心中有者，十二因缘法则各各别异。先分共心灭已，后分谁为因缘灭？法无所有，何得为因？十二因缘法若先有者，应若一心若多心，二俱不然，是故众缘皆空。（依鸠摩罗什译，见大正·三十，160a）

鸠摩罗什在这里，实完全依龙树的说法而说。

然则如何始为应理？既否定一心、多心，便应该由成立无生，苦果

---

① 法尊原译为"有苦即不生"。藏译为 sdug bsngal 'bras can de ma skyes，若译为长行，即意为"（十二缘起）于苦中成果，即是无生"。

无生,便无一心、多心的问题存在。由是依十二缘起,即可成立无生。唯如何证知缘起即是无生,则尚未说,故有下颂所言。

【论】何故无生?以诸缘起因无明生,佛则说无明缘颠倒起,而彼颠倒实自性空。何以故?

9　非常非无常　亦非我无我
　　净不净苦乐　是故无颠倒

【论】言无"常"者,谓非有常;常若无者,即无能治之"无常"。余三亦尔,故无颠倒。

复次:

10　从倒生无明　倒无则不有
　　以无无明故　行无余亦无

【论】若无四颠倒,则无从彼所生之无明。无明无故,则不起诸行。余支亦尔。

【疏】佛说四颠倒:无常执以为常;无我执以为我;不净执以为净;苦执以为乐。

今言,此颠倒实自性空。何以故?论主先由相依来说常与无常,即由相依缘起建立能治与所治,此中无常为能治,常为所治,如是无常依于常而建立,常亦依于无常而建立,于是二者皆都成为"相依有"。然而此相依,实可建立为相对(此于下文更说),如是二者即可相离,于相离时相依即不能成立,常与无常的"相依有"即便可否定,故可说常为自性空,无常亦自性空。如是即可说为"非常非无常"。

常如是,余三者亦如是,是故可说无"我"、无"无我"等四颠倒,即谓颠倒亦无自性。

复次,十二缘起以无明为首支,若无颠倒则当无由彼所生之无明,以二者实相对故。然而若由因果相对观察,于否定无明为"相依有"时,即可说"无无明",以后即不须再观察相对,既无前支,必无后支,既无无明,当亦无由无明为缘之行。如是十二支皆可由观察相对而成无有。

何以要用相对来证成"相依有"为无自性？

以常、无常为例，二者为能治、所治。加以观察，二者必不同时，例如贪（所治），必先于离贪（能治）而存在，所以二者不成相依，只能说为相对。

是知相依即有二种，一者不能更成相对关系，一则可作由观察而知其相对。四颠倒与十二缘起，即是可成为相对之相依。是故即可因其相对而说其"相依有"为无自性。

如是亦可知，何以中观家说唯识为实事执。唯识家亦说能取识空，故非执识为实有。但中观家却认为由成立依他自证分，即实落于内识与外境相依之层次，不能说为相对。何以故？以自证分与见分不能成相对故。

弥勒瑜伽行说自证分具见分与相分二者，此无非谓人日常之能见外境为"自证"，此自证则可说为具能见（见分）与所见（相分）。唯识今学则不同，彼将见分、相分、自证分立为三分，或更立一证自证分而成四分，这时，便只能说自证分与见分相依，因为见与自证不能相离，而且一定同时，如是即永落相依层次而不能成为相对，由此即使说能取识亦空，却其实永无现证其为空之可能。既不能现证为空，即是执实。此处是说观修时之现证，非落于名言而作推理。若如瑜伽行古学，自证分中已包括见分、相分二者，那便没有唯识今学自证分的问题。

【论】复次：
11　离行无无明　离无明无行
　　彼二互为因　是即无自性
12　自若无自性　云何能生他
　　由他所成缘　不能更生他

【论】若离诸行,无明则不生;若无无明,亦不生诸行。此二互为生因,故皆无自性,云何能生他。是故自体不成之诸缘,非能生他。

【疏】颂 12 后二句,法尊译为"以缘无性故,不能生于他",今改译如上①。

此说无明与行互为生因,即说二者为可成相依之相对,即二者虽相依,但却非同时。

依前所说,此即可建立为相依之相对,故始可说二者互为生因。何以故？此处未说,下颂始以喻明之。今但确立彼等互为生因,如是即证知彼等不能成为"相依有",如是即无自性。

复次,无自性者依他而起,是则其"生他"即亦实无自性。此如说无明以行为因而生行,是即无自性。

如是即已完成于颂 9 之所未说,证成何以缘起即是无生。

【论】复次：

13　父子不相即　彼二不能离
　　亦复非同时　有支亦如是

【论】父非是子,子亦非父,非能相离而有。复非同时（此句应解读为：然而父子却非同时有）。如父子不成,十二缘起当知亦尔。

【疏】有子始有父,若无子者,则无"父"之名。如是父与子实由相依而成立,故父子之名不能相离。

但此"父"与"子"实非仅为相依,若仅为相依缘起,则只能成立"子为父因",即缘有子始生起父,由子生父,此不应理。

故须深入观察二者是否同时。今观察而知,说"子为父因",仅说"父"此名称以有"子"之名始能成立,由是二者不能离。然而,"父子不相即"——父非即是子,子非即是父,是即其相依仅据名言关系而言,离

---

① 藏译此颂作：/ gang zhig bday nyid rang bzhin gyis / ma grub de gzhan ji ltar bskyed / de phyir gzhan las grub pa yi / rken gzhan dag ni skyed byed min //

名言关系即知"二者非同时",父可说为子的因。这样一来"父子"即互为生因,实彼此相对。

此即为十二缘起之关系。如无明与行。行即是人之生活经验,依经验遂执一切法为实有,是为颠倒,如是于颠倒生起时即同时有无明之名。二者此时即是依子而有父之相依;然而二者实非同时,无明为一切烦恼之根本,瑜伽行唯识说之为隐眠于阿赖耶识中之种子,由是此即如父,行即如子,无明实先于行而生起,是则"相依有"不能成立,只能说之为互为生因。

故云:相依而能成相对者,即是互为生因。而互为生因者,必无自性,何以故?于颂12已说,"由他所成缘,不能更生他"。此所谓"不能更生他"者,非谓不能生起,实谓不能生起一有实自性之他。

于是,由此证成"子"无自性。复次,以父依子始能成立,子既无自性,"父"亦当无自性,如是复由彼此之相依,成立父子皆无自性。

上面之破立,为龙树破立之特色。即先建立之为相依,然后寻求其相对(若不能成相对,则非是正建立),由相对破相依者之一,始可破其另一,此际即又依其相依关系而破。如是破立,锋利无比,外道之因果即由是受破,更不必依因明论式。当然,此亦非谓不可立因明论式,此于《回诤论》中,龙树已细说其破立之理。

于此破立须知,若不由相对而破其一,则相依之二者永不可破,此如双箸,不能单举一箸说其不可搛菜,即谓双箸亦不能搛菜。故自证分若与见分相依,即不能说其任一为空,以其可永成相依而不空故。

【论】复次:

14　梦境生苦乐　彼境亦非有
　　如是缘起法　所依缘亦无

【论】如梦中,实无依境所生之苦乐,亦无彼〔苦乐之〕所依境,如是因缘所生诸法及所依之缘,悉皆非有。

【疏】由梦作喻,比喻人生。

论主于此实说二种义:一者,梦境非有;二者,境中之苦乐亦非有。人生其实亦是如此,犹如梦境。所以世间说为缘起,实际上连缘都是非有。

何以非有?因为人亦知道梦境不真实,如果真实,人在醒后亦应该见到梦境,且有梦中的苦乐。如是梦位与醒位的显现境同时显现,当然不合道理。

此即喻为人生。人生本如梦境,唯人则执人生及其苦乐为实有,此即是迷执。由于迷执,便如长住于梦中,根本不知有醒位。是即长处于轮回,不知有涅槃。

如何破此迷执?说须知缘起(十二缘起),缘起即是无生,无生即梦境喻,世间与世间苦乐都不真实。是即人知不执梦境为实,唯对缘生诸法却执实,而不知缘起世间亦实无生。

上面至此,"缘生性空"之建立已证成,且亦说明佛所建立之十二缘起,由相依而成立其有,由相对而证知其空,是即无生义可成。

下面即落于人生层面,说一切人生现象(诸有为法)皆无自性。盖上面所说为证成理论,今则依此理论而说人生之所谓现实,如是始堪成修证之所依。

四、由相证成空性

【论】诤言:

15　若诸法无性　应无胜劣等
　　及种种差别　亦无从因生

【论】是故汝说诸法皆无自性,不应正理。答云:

【疏】这是假设诤论来作抉择。问言:如果诸法皆无自性,那么便不应该有胜、劣差别,亦不可能说一切法由因生。

由本颂起,龙树教导中观。读者必须注意,在依中道对世间一切作观时,行者于此已决定一切法无自性,所以便不须对所缘境再作四重缘起观。

今观世间现象为空,先观相空。这亦包括心行相。

由于行者生活在现象世界,连心识所起的心行相亦为现象,所以观相非常重要,在《六十正理论》中,亦先破执现象为有为无,与此处互有开合。此处先设诤论为所抉择,下颂即为龙树对诤论的解答,实即行人的正抉择。

【论】16　有性不依他　不依云何有
　　　　不成无自性　性则应不灭

【论】若谓诸法有自性者,即应非是依他之法。若谓虽不依他亦可有法,则破云:不依他云何有?谓不依他则不成法。若谓虽不依他而可成法,则应不成自性无,自性若有,则应不坏灭,以终不成无故。

【疏】此诤依世俗而说。然而,论主于第1颂中已说胜、中、劣等只是世间名言,且已证成一切法缘生性空,何以于此又重起诤论?

龙树假设诤论,实有深义。以前证成缘生性空,偏重于法无自性一边,说的是法的本质,本质抽象无可见,但观修行人的所缘境则是相,观修所起的又是心行相,所以现在便偏重于相来作观察。而且,若学人唯知性无自性,而不知有相无相,可决定相无自性那便容易落于偏执,对眼前所见的现象教条地执无来说为无,于观修时便有如隔空打拳,打不着观修的目标。

对相作抉择,只能抉择有相无相,亦即抉择现前的现象到底真实抑或不真实。若真实,相便有相性,太阳的光与热有光性、热性;四大海的水有动性、咸性,反之则不真实。

依抉择言:若抉择相的有,是因为有性而有,则此相一定不成依他(不成缘起),因为既已有自己的相性,则此相性便一定不须更依其他因素而有。

但如果不成依他,则此相又如何能成为有呢?眼前一切现象,无不依他而有。这样便可以作出决定。若不成立相无相的自性,依抉择即不合理,而且,若不成无相自性,那么便不应该有灭的现象,因为既有相的自性便不能无相,灭即无相,故不能有。

这样一来,由缘生来成立相无自性,才可以成立世间一切现象,下面诸颂便即就此主题层层探讨。此亦即依世俗而成立胜义,非坏世俗而成立胜义。论义如是,读者应知。

【论】诤言:缘自性、他性、无性之心非无所依,故〔我就此而说〕性不空。答云:

17　云何于无中　能有自他性
　　以及无性等　此三皆颠倒

【论】无者,非有义。于此无中,岂可说有自性、他性、以及坏灭性〔无性〕? 是故自性、他性;有性、无性,皆是颠倒。

【疏】此颂依藏译重翻。法尊译为:"自他性及灭,无中云何有? 故自性他性,性无性皆倒。"①

现在依上面的决定见再作抉择:自性、他性、无性(坏灭性)是概念,成一概念必须心有所依,亦即必有一性为心所依,然后才能产生这些概念,既有性为所依,那就不能说为空。

论主于此抉择云:上面已经决定,现象性为无,即是性非有,既非有,如何尚能说其有自性、他性、无性等? 故说一切法有此等自性,此"有"即是颠倒,以其与"非有"相违故。

于此论主并未说心不能依现象为所缘境,只说此所缘境无自性而已。说所缘境相有自性、他性、无性则是颠倒,但说心能缘外境则非颠

---

① 藏译原文为:/ med la rang dngos gzhan dngos sam / dngos med 'gyur ba ga la zhig / des na rang dngos gzhan dngos dang / dngos med phyin ci log pa yin //

倒,如是即未破坏世间。

【论】诤言:
18　若诸法皆空　应无生无灭
　　以于空性中　何灭复何生

【论】若谓诸法皆自性空,则应无生无灭。汝说性空而有生灭,然于自性空中,有何可灭、有何可生耶?

【疏】此仍持世间现象作抉择。

世人见有现象,故虽承认本质缘生,亦认许现象非自性有,却仍不能承认相为缘生必是性空,盖非自性有不等于性空。何以故?事物由因缘和合而成,如陶师运作陶轮,用陶土以成一瓶,实为世间现象,汝名此为缘生,本质为无自性,这还可以接受,但若连现象的相亦说为空,说相无相性空,则无论如何解说,此瓶宛然仍在眼前,故终觉有所不安。

论主于前虽已证成缘生性空,且证成佛所说之十二缘起亦为空性;于前又证成于空性中不能有自性、他性、无性等,但用性来立论,虽然说为相性,始终觉得抽象,故于此处即针对行者的疑心,直接由现象本身(相)作抉择。抉择有二:一者,在空的相性中(现象性中)到底有无生灭;二者,若云空性中有生灭,则以何为生、以何为灭?

此实用两难方式作抉择,在实际观修时,行者常须适应这种两难来作深观。现在的抉择是:依世法而言,若说空性中无生灭,即违反世间现象。若不违反,则须说明,空性中所起之生灭现象究竟为何?倘不能指出,则等于说空性中无生灭。这刚好是我们要抉择的主题,必不能拿来作为抉择后的决定,因为根本未作抉择。这样,抉择者便必须承认自己违反世间,如是,胜义便亦不能成立,因为自己建立的世俗非世人所认许。

如此施设抉择,绝非无义,此亦非仅为根器低下者设,盖此中实有深义。

学者每闻说法,或每读说缘起之论,都知何谓"因缘和合",可是,却随即导入"缘生性空",似乎说因缘和合即是说缘生性空。

于此际,若认为这说法已究竟,那便会将龙树在这里的设疑,看成是无非只为"外人"说,为"下根"反复开示而说。然而此自以为究竟者,实则连此抉择亦不能有。何以故?因为说因缘和合,实只能建立为"因缘有",非建立为"因缘空"。(故前说于观修中"证成缘生性空"时,始须建立四重观修来成立空,此为现观与现证。)现有是抉择相的因缘有,既成立有,则当可认为"因缘有"之生灭相必有生灭性,由是才须观察这说法对不对,这样才能成立抉择。倘若认为"因缘有"必然是空性,于是认为生灭相之无自性亦为必然,是则必不能于此起抉择。其不能,非谓已超越抉择,实只受笼统概念所缚,既笼统认为不必将此相的"有"现观为无,则不但不能抉择,实亦未通达因缘和合之有与空,以其已落于名言边际而推论,非现观故。

由是下面,论主即依生灭现象而作讨论,非唯只说空性。就现象论现象,始能离笼统之认知,否则于修证时亦必笼统,易陷入"唯空"之边际。彼唯空者,不由修证之所缘而立论,缘因即在于,以为说因缘和合即等于说缘生性空,于是以"缘起故空,空即缘起"为中道,如是一入修证则必仍堕于空边,此于下面即受论主所破。

【论】一切法唯藉空性而成立,何以故?

19　生灭非同时　无灭则无生
　　应常有生灭　无生则无灭

【论】生灭非同时者,谓生灭〔性〕非同时有。

【疏】"一切法唯藉空性而成立"句,法尊依文直译为"一切法唯空",易引起混淆,故今改为意译,以显其意。《十二门论·观有无门》亦有此颂。鸠摩罗什译为:

　　　　有无一时无　无灭则无生　应常有生灭　无生则无灭

此处论义分作四段,今说其初,即说"生灭非同时"。

说生灭非同时,实说云:汝若谓一切法因有生灭相,故应必有生灭性。是则须知,若建立有性,则反而不能成立生灭相。何以故？生性与灭性不能同时故。如是具生相之法唯具生性,不能同时具灭性,是则唯有生而无灭。反之,于一法坏时(如人之生病),若谓其有灭性(坏性),则此法当更无生理,以不能同时具生性故。这样一来,凡生病就不能康复,如是即不应理。

此处讨论,为生性与灭性不能同时,故非说生灭现象不能同时。如是否定有生性灭性,正是解释生灭现象何以可同时。盖生灭现象同时,正为世人所常见,此如光生时即暗灭,此现象即为同时。

【论】若谓唯有生者,破曰："无灭则无生",谓无灭中生不应理,以无"无常性"则无有生故。

【疏】论第二段。论主云：无灭则无生。何以故？以有"无常性"始能说有生起,否则世间唯停留于一现状,一切法不坏,而一切法亦不能生。譬如一树,始终为树苗；譬如一人,始终是婴孩,此即以其无"无常性",故唯是"常",常则更无生长。而此"无常性"之无常,正是汝之所谓灭性,故我可说言："无灭则无生"。

如是即否定说"唯有生性",彼欲成立世间,却适足破坏世间。

【论】又,应常有生灭者,即谓应常有生〔性〕与无常性。

【疏】论第三段。此处论主更不须别破,只说云：此说法其实同前,即是说生性与灭性同时,汝今不过改换名相,说为生性与无常性二者常时共存而已。此前已破,不须更破。

【论】若谓无常性恒随法转,于生、住时不起作用,要至灭时方灭其法者。破曰：无生则无灭。谓若无生时,则灭亦非有。若无灭,则无灭相之无常性,以无灭而说为无常,实不应理。故无常唯应有灭。

【疏】论第四段。诤者诤言：我非谓一法之生性与灭性同时起功用,彼二者可同时共存,但当显现为生相或住相时,灭性不起功用,唯至灭时,此灭性始起用以灭其法,如是即可成立二性于一法中俱存。

论主破云:"无生则无灭"。何以故?唯有于诸法之"生"中,始能见有"无常",此前已说如树苗之成树而至枯萎,婴儿之成长而至老死。今汝谓生时与住时中灭性潜伏,是则即如说于生时住时无无常性。灭性不起用而能有"无常",此实不应理。

上面依世间生灭现象作探讨,成立四点:
① 一法不能同时具有生性与灭性。
② 一法不能唯具生性而不具灭性。
③ 一法不能有生性而同时有一无常性。
④ 一法不能具有生性与灭性,而灭性于此法灭时始起作用。

如是即依世间现象,否定诸法有现象性,既现象性为无,是即可说为诸相无自性而空,正唯于此空性中始可成立生相、住相与灭相而无过失,故龙树于《中论》观四谛品说云:

> 以有空义故　一切法得成
> 若无空义者　一切法不成

此以空性建立一切世间现象,是由胜义以建立世俗,即谓空性实不坏世间,不承许空性则世间坏。

然而上面讨论皆立足于生,若作抉择,尚应抉择世间一切现象终极是灭,亦即一切相终极不成,如是落于虚无而说一切相唯是灭性。故论主于下颂即加以讨论。

【论】若谓即唯有灭,答云:
20　无生应无灭　不从自他生
　　是故生非有　无生则无灭
【论】于无生时应无有灭。
彼生非从自、他生,由此生非有〔生性〕。非有生〔性〕者,即不能生。

故无生则无灭者,谓无生者即无彼生之灭,故彼灭即非有。

【疏】颂文初句,法尊译为"无生时无灭"。

此论颂分三义以否定唯有灭。

初,唯灭见者非不认许世间有生此种现象,彼唯落于虚无而已,故论主先确立"无生应无灭",此亦当受彼许可。以生先于灭,实为世间所共见之现象。

次,否定生此种现象有自性,以其不从自生,亦不从他生(亦非自他共生,亦非无因生),故说为无自性。此点当亦受诤者认可,以其持唯灭见,故当不坚持有生性,若坚持者则非唯灭。

及后,论主即引其上两种建立,指出唯灭见不可成立。何以故?既然有生始有灭,无生应无灭,即灭依于生而成立,今若生无自性,以相依故,灭亦应无自性。

用相依缘起破由现象成立之因缘有,亦是龙树作破立之常见手段。因缘有必落于执实名言之边际,故用相依缘起即可破其执名言与边见。

于观修,唯空见实亦即唯灭,然而彼却自以为不同于持现象而说唯灭者,以其亦持空性而说,且认许世间现象故。

是知持空性而唯空,实有二种。

一者,落于空边,视一切法之空性,实由断灭现象自性而成立,如是成断灭见。释迦于《宝积》中向迦叶斥责之方广道人,即是此类。

二者,笼统以空性为胜义,彼亦说不坏世俗,但却以笼统之胜义空、世俗有为中道,故若说其唯空,彼必起诤,不如说之为"胜义唯空"。

于此二种,论主于此处所作之破立,实未能尽解其唯空,故下面即更作破立以为对治。

【论】复次:

21　有生性应常　无者定成断
　　　有生堕二失　是故不应许

【论】诸法若有生性,应堕常边;若无生性,定有断灭之失。以说生

127

性，犯上二过，故不应许有生性。

【疏】上面已否定唯灭，今则由生而说。说一切法有"生自性相""无生自性相"，即皆犯过失，前者落常边、后者落断边；前者落实事执，后者落唯空见。

故无论常断二边见，实皆由建立生性而来，二者之分别，仅在于常见者许可此建立，断见者则否定此建立。故于观修时实先不应作生性的建立。

于实执有生性者，如唯识师之执有依他自证分、中观自续师之执自相为真实。

于执无生性者，则如前说二种唯空。此处须知，唯空之失非由空性来，实由其断灭生性而来。正由于其修止观时作意于断灭生性，始成唯空，而非现证色空。

若言：汝亦说一切法无自性，今我无此"生性"，何以即是断灭？

答云：汝之所谓"生性"，本为法界之大功用，亦名为诸佛之大悲功德，故其实是用而非性。由是生机始可周遍一切界，离时离方分，此详见于《佛地经》所说。

正由于生机是用而非是性，佛始说般若波罗蜜多为离四边无生体性。此非先立一"生性"，然后断灭此性而证空。此即我所说一切法无自性相之意，非同于汝之误认功用为自性而加以断灭。

由是论主说生灭，即在于证成生灭相实本无自性，而非建立种种性以说现象性，然后否定此种种性，即谓为空。（于此可参考宗喀巴的说法：以"自性空无"来消除"虚无"偏见。）

下面即续作探讨。

【论】诤言：
22　相续故无过　作因法始灭

【论】〔诤者谓〕生与灭是相续，故无断常二过失。既作因〔而成果〕后，其法始灭。

答云：

此如前不成　复有断灭过

【论】生灭非同时，我前已说，故许相续如前不成。又汝相续亦应有断灭失。

【疏】颂文第二句难译。藏译为 rgyn byin nas ni dngos po 'gag 若译为长行，则为："法灭于其已成为因〔生果〕之后"。法尊先译此句为"法与因已灭"，后改译为"与因已法灭"，今姑且如是改译。

于此抉择者诤言，我若说生法灭法是相续，如是以有生法故非断，以有灭法故非常，是即无断常二过失。且我说一法之灭，实在于其已作为因而成果之后，如是即非断灭。

龙树于此，实遮经部师之建立种子，于此不拟讨论。但须知论主之意，实不许有生性灭性，说此二性为相续，实即说此二性共存于一法中，是仍犯生灭同时过。复此说为作因后始灭，仍是断灭，只不过说其完成任务后而灭耳，非不断灭。此如说父生子后而死，非是不死。

是故于生灭现象中，一切现象性皆不立，相即是相，用只为用，如是始是正见生灭。

【论】问云：

23　佛说涅槃道　见生灭非空

【论】由见生灭，佛说涅槃道，故非为空性。

答言：

此二互违故　所见为颠倒

【论】此非见无有"生"，是见生灭〔相〕；又见生〔性〕与灭相违，见灭〔性〕与生相违。彼生灭二互相违，故见生灭〔性〕知成错乱。依生始有灭，依灭始有生，故是空性。

【疏】行者于抉择时易生此疑：佛由见生灭而始说涅槃道，故认为"见生灭"非即是空。

落此抉择见即可分两途。一者入他空，以无为法不空，涅槃不空，真如不空,但世间现象则空,所以前者无坏灭,后者必有。一者则反之而入唯空,以为一切存在或显现皆因坏灭而空,因为世间现象无不毁灭。二者见地不同,可是由坏灭说空则殊途同归。由是论主即依坏灭而作抉择。

论主言:佛见生灭,是见生灭相,汝则说之为见生灭相性。见生灭相无过,故佛只说一切法无"生"相之"生性",而汝却以为见生灭相即是见生灭性,若如是,生灭性二者互成相违,是为错乱。

生灭二法,可由相依复相对而知其无生灭性,故证知其"因缘有",无论依"相依有"抑或依"相对有",皆应决定为空。由是观修的现证,即证入无生性与灭性即是空性。这样抉择,已完全抉择了他空,因为识境现象亦无生灭,是即同于真如。然而对唯空者却未全破。

此中唯空见者,实由于执著空性,于是便误认佛的涅槃即是空,且以为断灭即空,所以才由"佛见生灭"而启疑。于抉择时,又不敢谓佛涅槃为断灭,于是便疑及生灭。以涅槃既非断灭,那就必然是佛有所断灭始得入涅槃。上面说唯空见之第二种人,即是此类,他们以为空便是胜义,故可名之为"胜义唯空",这类行人既以胜义为空,自然很容易就说佛必有所灭然后才得入涅槃。涅槃为胜义,而此胜义即是空。

所以下颂便依生灭来说涅槃。

【论】问言:

24　若无有生灭　何灭名涅槃

【论】若无生灭,何所灭故而名涅槃?

答云:

　　自性无生灭　此岂非涅槃

【论】若性无生无灭,此岂非即是涅槃。

【疏】疑者此时已说出心底话,此即以灭为涅槃,所以说此灭即是空性。

今论主正言：现证一切现象自性无生无灭，此岂非即是涅槃。

如是出涅槃义，亦出胜义空义。故涅槃实无所灭、胜义空非由灭而空。下颂即明此理。

【论】复次：

25　若灭应成断　异此则成常
　　涅槃离有无　故无生无灭

【论】若谓灭是涅槃，则应成断；若是不灭，则应成常。是故涅槃非有无性，无生无灭即是涅槃。

【疏】今复回至灭边以说唯空者之失。彼"胜义唯空"者，实误认涅槃必有所灭，是为涅槃建立灭性。如是彼于说般若波罗蜜多时，虽亦说涅槃为非常非断，实必以灭尽一切性相为究竟。今之不善学中观应成派，即易犯此弊，而此实为观修时易起之弊。

故《心经》虽已明言："色即是空、空即是色"，由一切法及法相来现证如来法身(空性)，同时依如来法身建立一切法及法相，但"胜义唯空"者必由"是故空中无色"而说唯空为胜义，盖彼以为，稍有少许现象性（说为相自性）未断，都不应是涅槃，是即持断灭见以说涅槃。

论主于此，实说灭与不灭皆非涅槃。否则即置佛于断边或常边，皆不应理。

然而以唯空为胜义者，必不承认自己所持之唯空即是断灭，以我亦承许世俗有故，于是即有下颂的抉择。

【论】问言：灭应是有，是常住〔法〕故。

答云：

26　灭若常住者　离法亦应有
　　离法此非有　离无法亦无

【论】若灭常住者，应离于法亦有灭；复应无所依〔而能常住〕，然此非理。

复次，若离法，若离无法，俱无有灭。

【疏】胜义唯空者以承许世俗有故，不自以为断灭，故谓灭是常住。何谓常住？即谓灭常见于世间现象，我许世俗有，定当许世间一切法有断，故此灭亦是常性，由是我之说灭，亦即不常不断。以灭有常性，是故不断；以常性为灭，是故不常。由是胜义唯空者亦可自立为中道，以为不同于释尊所呵之方广道人。

如是见地，依然落于生性、灭性之边见。故论主即破其常住。说言：灭若常住，由于是常，便应可离法（相）而住，亦可无所依而住，此实不应理。

此即云：若灭有性而常住，而非仅为现象，则彼定离一切事物而呈现。若非如是，则仅能说灭为现象，为一切相之变异相。彼既不能离现象而现，便不得说为常住。

复次，不但离一切相即无灭，即离"无法"亦无有灭。何谓"无法"，即谓已证知其为无体性之相。无体性相汝说为空，若灭常住，则此空亦为灭所依处，如是即空性亦不能成立，因为既为灭所依，便不能灭掉空还说空。如是，即不能以唯空为胜义。

何以故？其抉择于下颂即说。

【论】云何应知？

27　能相与所相　相待非自成
　　亦非辗转成　未成不能成

【论】能相依所相而成立，所相亦依能相而成立，离相依即不能自成。亦非辗转成者，谓相互不成。由此理故，能相所相二俱不成，此自未成之能相所相，亦不能成诸法。

【疏】先须说明何谓能相、所相。

由虚妄分别而执一切相实有自性，此"虚妄分别"即名为一切法之"能相"；此被执为实有自性之一切相，即名为一切法之"所相"。例如：以"角想"为能相，那么，"牛有角"、"兔无角"便是所相。

能相所相二者相依而成立，所相依能相的虚妄分别而有（如"角想"即是虚妄分别）。此"相依有"，非是实有，故其自性不能自成，亦不能互成。

今汝以空为胜义，以有为世俗，即以此为中道，然汝之空性实说有生性灭性，唯说灭性以为空，是则汝之有亦有生性灭性，唯说生性以为有，如是笼统而说空有。是故汝之胜义空与世俗有，无非成立"灭性之空"为能相，成立"生性之有"为所相。若如是，则一切相皆不得成。

何以故？能相所相未能自成，亦不能互成，未成何能成诸相？其未能成，且不能成诸相，即坏世俗。是故说汝为唯空。

【论】复次：

28　因果受受者　能见所见等
　　一切法准此　皆当如是说

【疏】此即谓，不但能相所相不可说为有生性、灭性，如因果等，不能说因有因性、果有果性；受有受性、受者有受者性；于能所，不能说能取有能取性、所取有所取性等。一切现象无论具象或抽象，悉皆如是，无有例外。

如是即谓一切相无有自性，以此无有自性即为空性。非以其有自性而灭此自性而为空。如是即成断灭。

于断灭中，一切法皆受破坏，是故谓其有因性而灭其因性，谓其有果性而灭其果性，如是等等，即坏灭一切世俗有。由是于修证时，若抉择一切相皆成坏灭而空，则此所谓空性，非断灭而为何耶？

上面说相，不但于所相中说无其自性，且于能相中亦说无其自性，即可证成一切相皆非有如其自相之性，是即证成空性。

【论】诸时论者说有三世，故应有时。

答云：

29　不住及相依　变异及无体
　　　无性故三时　非有唯分别

【论】时不成。何以故？

不安住故。时不安住，作不住想。若不住则不可取，不可取云何施设，故时不成。

又相依故。谓互相观待而成立，由依过去成立现在未来；依现在成立过去未来；依未来成立过去现在，由此相依而立，故时不成。

又即此时观待现在，说名现在；于未来观待〔现在〕则名过去；于过去观待〔现在〕即名未来。如是变异〔不定〕，故时不成。

又无自体故，由自体不成，故时不成。

又无自性故，时亦非有。要先有性，其时乃成，遍求彼性全无自体，故时亦非有性，唯分别耳。

【疏】抉择者尚以三时相而疑生灭，若时为有自性的"时相"，则过去、现在、未来三时，即可说为生时、住时、灭时，此际即可由时间之推移而说灭为一切相自性，如是则空即是灭。

论主以五点理由说时不成（有自性）。否定"时性"，彼即最后亦无所灭。此五者即：① 不住、② 相依、③ 变异、④ 无体、⑤ 无性。论文易解，无须更说。

然"胜义唯空"者之病根，实在于误解空性。彼于空性中虽亦认许一切相，但却以为说一切相无自性，即是于一切法断灭其自性，当自性断灭时，即无相性，是为空性。今论主已证成无能相性、无所相性，以至无时性，是一切法所呈之现象悉皆无有自性，以不能由能相所相建立，又不能由三时建立其相有自性故。于是彼等唯有依"有为"与"无为"而唯空。

此即：有为法具生、住、灭三相，若承许有"有为"，即不能不承许此三相性为实有（三相性，即生性、住性、灭性）。由是即有下面的抉择。

【论】问言：如〔佛〕说一切有为皆具生住灭三相。与此相违是名

134

无为,故有为无为皆应是有。

答云:

30　由无生住灭　三种有为相
　　故有为无为　一切皆非有

【论】所说生住灭诸有为相,若真实观察皆不应理,故彼非有。由彼无故,有为无为都无所有。纵许为有,若真实观察,不应理故,说为非有。何以故?

31　灭未灭不灭　已住则不住
　　未住亦不住　生未生不生

【论】此当问彼,为已生者生,抑未生者生?

若已生者是则不生,何以故?已生故。未生者亦不生,何以故?尚未生故。

即此生法,为已住而住,抑未住而住?若已住者则是非住,已住故。未住者亦不住,何以故?未安住故。

又彼为已灭而灭,抑未灭而灭?俱不应理。

设许"有为",若以此三者作次第观察,皆不应理,故无"有为";"有为"无故,"无为"亦无。

【疏】佛说有为法具生住灭相,离此即是无为。以此之故,唯空者以为必须灭此三相才成无为。若已抉择相无灭性,那么,于修证时即灭其用。

此如于观修时误解无分别,以为无分别即是不作分别,由是强调心无所缘而目视虚空,此即欲求灭心识之用,不令心识以生住灭相为所缘境。

论主于此,谓不但生住灭无自性,即生住灭相亦无自性,由是即无"有为"。"有为"既无,与之相依之"无为"自亦为无。既连无为亦不成立,是即根本不须要灭一切相能成所缘境的功能,由是心识有所缘而观修实亦无妨。

此处"有为"与"无为"实是能成相对之相依,以二者不同时故,由是二者即非不能相离,是故可先破"有为",然后因其相依而有,即可同时破依"有为"而成立之"无为"。——此破法于前已说。

然则,如何说此三相为非有耶?

故颂 31 即说其理。于生相:前已说唯有已生时与未生时,不能说有刹那现在时,故即唯有已生相与未生相,无刹那现在相。如是若为已生相者则不生,若为未生相者亦不生,故无生相。

何以唯有已生、未生相?此即依世间现象之观察而说。于见一物时,必只能见其已生相,此如见已成型之花蕾;或能推知其未生相,此如见花蕾即可推知花开,几时能见其方生时相耶?方生相时不能见,则当可说之为无。

生相如是无有,住相与灭相亦可从类而推,今不更说。三相既破,自然更不能说三相有可灭之生性、住性、灭性等。

【论】复次:

32 　有为与无为　非多亦非一
　　非有无二俱　此摄一切相

【论】若真实观察,有为与无为,非多非一、非有非无、非亦有亦无,应知此中,二法之一切相已尽摄。

【疏】法界中一切法,只能归为"有为""无为"两类。有为法落于业力因果,无为法则离业力因果;由是有为可建立缘起,无为法则不可建立为缘起;有为法为识分别境,无为法则为证智境;有为法为阿赖耶,无为法为如来藏;有为法以虚妄分别为能相,无为法以离分别之真如为能相。

以四重缘起而言,有为与无为法二者相碍,非仅为相对。以易于解说故,佛家通常以如来藏为喻。若如来藏受碍,如月受(地球)影碍,则人不能见如来藏,只见受碍之如来藏相,即名为阿赖耶。然于现证如来藏后,如月更不受碍,此际如来藏即碍阿赖耶,不复能见其杂染或受碍相,故彼不起用,离诸分别。

因此"有为"与"无为"虽相对有,于相碍缘起中,即可说为非一非异。有碍与受碍之分别,是故非一;虽呈异相而同为法性相,是故非异。以此之故,有为相与无为相皆无自性,只是境界。

此无自性,实已离四边。何以离四边,笔者于另文(《四重缘起庄严·白螺珠》)中已说,今不更说。

上面由相,证成空性,至说有为、无为,一切相已尽说。然而有为法有业、因、果等,由是即有作业与受果者,若说有为法无自性,是则彼等当复如何?岂非无因果、无作者受者耶?

如是下面即说。

五、由业证成空性

【论】诤言:

33　世尊说业住　复说业及果
　　有情受自业　诸业不失亡

【论】世尊于经中多门宣说业及业果;复说诸业非无有果;更说诸业皆不失坏;及说有情各受自业,故业及业果决定是有。

答云:

34　已说无自性　故业无生灭
　　由我执造业　执从分别起

【论】如前已说业无自性,故彼无生亦无有灭。颂言:"由我执造业",故业是由我执所起,而此执复从分别而生。

【疏】上面由十二缘起、由诸法现象(相)以证成空性,所讨论者,侧重可见现象而说,至于抽象的法相则少所举例。故今即就此抽象诸法加以论述,证成彼等亦无自性。

此等法中,上颂已引出业等问题,且抽象的现象重要无过于业。人之身语意所作者为具体,至于身语意之业,则属抽象,不可见、不可触、不可说、不可思维。然而彼业决定存在,何以故?世尊说故。世尊言业力永不失退,俟因缘熟而成果。抑且虽不由世尊说,世人亦可感觉果报宛然。对一些世事,人或感叹而言:"如是因、如是果",人之相处,亦可自觉投缘不投缘,由是人情始有亲疏厚薄。又或者千里姻缘、万里雠仇,此中宛然有业力支配。人于作恶时,于心理上否定业力,无非欲得心理平衡,事过境迁,则未尝无所歉厌而惶惶然欲求补偿。外人宗教之强调赎罪,正与此有关,故非唯佛教徒始相信业力。

然则,业、因、果等可以无自性耶?

论主云:"已说无自性"。这是已说现象无自性,业等亦不例外。

何以故?论主云,业由"我执"而作,而此执著则由分别而起,故业实以分别为性,此分别无非虚妄,故业无自性相,无生无灭。这是根据前说的能相、所相而说,因为虚妄分别正是一切有为法的能相。

然则,业及因果岂非已受否定?

不然,以业虽无自性,其实亦不失坏,故非无业、无因果。此于下颂即说。

【论】复次:

35　若业有自性　所感身应常
　　应无苦异熟　故业应成我

【论】若业是有自性,则从彼所感之身应是真实,且应成恒常性,如是彼业即无苦异熟果。彼业常住,故应成我,以无常为苦,苦即无我故。

由业无自性,故业无生;由无生故,即无有失坏。

【疏】观修行人若以为业必须有"业性",然后始能起业力功用,则可抉择为谬误。盖业有自性,则感业而生之身,即当以此业自性为身自性,如是即成有实自性身,且此实自性身必为恒常。何以故?以有实自性故。

如是此感业而成之身,若常具业性,此身便更无异熟果(异时而流转之果），因为恒常身必无异熟（无下一生），如此即成"我而恒常"。此不应理。

何以成恒常"我"？以无常即苦（现象变坏等），复由苦而无我（身能坏灭是苦，所以"我"非恒常），今若彼业性既常，如是无苦（无变坏），遂无无常之我，是故恒常，既恒常即不能说为无我。

是故应知，必须业无自性，始合世间现象。此业非无自性即失坏，正以其无自性，是故无生，如是业力始不失。何以故？此如虚空，以无自性则不失坏，故飞鸟不留足印于虚空。若有自性，空中当有鸟迹，喻如泥上鸿雁指爪印。彼泥失坏，虚空则不失坏。

【论】复次：

36　业缘生非有　非缘亦无有
　　诸行如幻事　阳焰寻香城

【论】业从缘生，即是非有；从非缘生，更不得有。何以故？由诸行如寻香城、幻事、阳焰，故业无自性。

【疏】上面已说业从缘生，故无自性。若非从缘起而生，则又如何？是更不得有自性。以身、语、意诸行，成身、语、意三业，而诸行如幻、如阳焰、如寻香城（乾闼婆城），实无自性。故无自性之行不得成为有自性之业。

业力问题，一直困扰小乘行人，因为业灭而能生果，已经矛盾，且无我而有受者，那就更加矛盾，故只能说业应有自性，即是实有。说一切有部即说业为"无表色"，此为无形物质，三世恒有。其后经部师则立种子，谓有情一切身语意行都由种子引发，而由此种子感生业果，故种子亦有自性。此皆为彼等观修时之决定。

如是建立，即不能以十二缘起为空性，以"行"之业既有自性，则十二缘起亦应有自性。如是故谓小乘行人未能圆证"法无我"。于诸法，彼等所证之空，龙青巴尊者喻之如芝麻为虫所蚀，余一空壳，如是而空，实未究竟。

然小乘行人亦知说业有自性其实与十二缘起之说有冲突，盖十二缘起不可能不具空性，否则生死便有自性，如是即不能无我，而无我则为释迦所立之基本原则，不容毁坏。以是之故，彼等即不将业视为缘起，如是便等如认为由无自性之行，可引生有自性之业；同时亦可说为，由有自性之业，引生未来无自性之行。

今论主于此不抉择业是否缘起，盖一旦抉择即多费辞，且诤论频兴，必须辩破当时尚流行之有部与经部，如是即成另一论题。故只于此处证成，谓业为缘起，业应无自性；谓业非缘起（独立于十二缘起之外），业亦应无自性。此即实谓业与行互为因果，若谓行无自性，业亦当无自性。是故十二缘起中虽无业支，而业则已在行支中俨然具在。

故下颂即说。

37　业以惑为因　行体为惑业
　　　身以业为因　此三皆性空

【论】业从烦恼因生；诸行从业烦恼为因而生；身以业为因。此三皆自性空。

【疏】业从惑生，惑即烦恼。此即"生死相续，由惑、业、苦，发业润生"。于十二缘起中，无明为发业之惑（引起业的惑），称为等起因；爱、取二支为润生之惑（成立"生"这现象的惑），称为生起因。

行可视为业之同义词，指能招感现世果报之过去身、语、意三业。是故诸行即以业烦恼为因。

身则以业为因，是为业感缘起。谓由过去世三业招感异熟果，而成今世正依二报身。

如是业、行、身三者皆由惑为因而成，以惑即是缘起之支分，故无自性，由是此三者亦应无自性。

如是即解决小乘诸部之诤论。成立业无自性。此谓由身起行，由行作业，复由业感果（异熟身），如是循环即是永成相依。于相依中，若一者无自性，则余者亦无自性。今身与行之无自性已不须证成，是故与之相依而有之业当亦无自性。

业无自性,则业果当亦无自性;业之作者与受者亦应无自性,故下颂即说及此。

38　无业无作者　无二故无果
　　无果无受者　是故皆远离

【论】如是,若以正理观察,果无自性则业非有;若无有业,作者亦无;若无业及作者,则果亦无;若无有果即无受者,是故皆成远离。

【疏】此以彼此相依,故连环而破。

初成立果无自性,此无可诤论,"我"此异熟身便即是过去世业果,若承认无我,必须承认此异熟果无自性。

由是:果→业→作者→果→受者,此相依而成之环节即皆可说为无自性。如是即为总破。

下面即复作别破。

【论】复次:

39　若善知业空　见真不造业
　　若无所造业　业所生非有

【论】由见真故,善能了知业自性空,不复造诸业。若无彼业,则从业所生者亦悉非有。

【疏】此说业及果。

何以上面已反复说业无自性,此处又须别说?此业感问题在当时实甚困扰佛家小乘诸部。当时尚无弥勒瑜伽行之建立——此非谓佛家无瑜伽行,只谓其时尚无由无著与世亲弘扬之弥勒瑜伽行派,故更无由世亲《成业论》所建立之阿赖耶缘起,完善解说业与轮回之机理,于是诸部皆倾向于建立业有自性,由是于观修上即问题丛生。

龙树建立缘生性空之中道,实即由十二缘起发展而成。释尊既说缘起,故若无我则业当不能有自性,龙树即由是而据四重缘起以说一切法无自性,能知此者,则业自然亦可无自性。何以故?以一切法实互为因果,若皆无自性,则可说为:由无自性之业,感生无自性之异熟身,此无自性身作无自性诸行,又成无自性之身语意业。此即如电视荧幕,搬演无自性之剧情(剧情可以随意编),所以一切皆可于无自性中成立。

由是龙树即不得不反复说此理趣,说明一切于无自性中运作,故业无自性亦可有业感之力用(是故后来应成派认为,根本不必成立阿赖耶识与种子),由是业无自性亦不坏因果。

今即成立业无自性,而其果亦无自性,是即因果都于无自性中成立,这是因果的真相,即所谓"见真不造业"。不造业非谓不作业,是即谓非能成立一有自性之业。

【论】问云:为全无耶,抑少有耶? 答云:可有。如何而有?

40　如佛薄伽梵　　神通示化身
　　其所现化身　　复现余变化
41　佛所化且空　　何况化所化
　　一切唯分别　　彼二可名有
42　作者如化身　　业同化所化
　　一切自性空　　唯以分别有

【论】如佛世尊以神通力示现化身,其所化身复现余化身,当知业亦如是。

如来所化自性且空,况彼化身所化余身耶? 如是二事唯以分别可名为有,业亦如是。

【疏】问云:为全无耶? 足见部派佛教不能接受业自性空。今闻论主反复取证,证成业空,因果皆无自性,尚以为其自性未必全无,故仍曰:抑有少分自性? 此即欲于无自性中建立少分业性,以作为因果之依据。

论主于此处揣摩小乘行人心理而设问,甚为生动,而当时部派佛教行人之普遍心理,亦可由是而知。然而,今距龙树已千八百年,不少佛教徒亦难接受"无业无因果"之说。甚至笔者于一篇文章中谈及超越缘起,即受有一小集团三五众联手为文质难云:"无人可以超越龙树!"彼以为超越缘起即是超越龙树,且以为缘起有缘起性,故一说超越,便是谤法谤圣者。

龙树当时所处环境恐怕亦仿佛,说无业因果,必有人以为"无人可以超越佛陀",且或以为龙树谤佛谤法。故龙树于此即索性明言:佛及其所化皆无自性。佛尚无自性,何况其所说之业因果。

故言:世间一切业显现,如世尊以神通示现化身,其化身又以神通再现化身。佛所化身,自然不可说有自性,化身再现化身(化所化身),则更不能说有自性。

然而化身及化所化身,却可因分别而于名言上说为有,故非不可有,只是由分别而成"名言有"。

业亦如是。作业者即如佛之化身,其所作业即如化所化身,彼二可有,唯分别有、名言有。如是亦可说为"少分有"。

故此三颂,其说委婉,以世尊化身及化所化身为喻,当可令部派佛教行人悟知其"无自性"之理。

如是下颂即可进而说明,何以必须说业因果无自性。

【论】复次:

43　若业有自性　无涅槃作者
　　无则业所感　爱非爱果无

【论】若谓业有自性者,有自性则定无涅槃,亦应无作业者。何以故?即无作者亦有业故。若有自性者,则业所感之爱非爱果亦皆非有。

【疏】若行者不能抉择业无自性,则必不能现证涅槃。何以故?永受业力牵引故。

行人修止观,必持抉择见而修。由作抉择而修,由抉择而生决定,如是始称为寂止与胜观。若教人如何修小乘四念住,如何习大乘定,而不强调抉择与决定,便只落于形式,很容易就会给人将止观当成"气功"。

于修止观时,若抉择业有自性,是即永落于虚妄分别,永落于执

"名言有"为实有,是则永无现证般若体性之一日,以其未通达缘起故,当然更不可能现证涅槃。因为行人永落于业因果自性边,于决定时,无非只能将止观境决定为因果之运作,而涅槃则须离因果、离业、离缘起。

即就世间法而言,若业有自性,则业无作者,以业自性已成,则作者更不能由所作而改变其自性。此如已成型之瓶,更不能有作者能令其改变。

如是亦无业所感果,爱果与非爱果皆不成,以业有自性,更不能成为感果之因。此如陶土可以成器,而破陶片则不能。

是即谓业有自性,不但破坏出世间,同时亦破坏世间。故抉择其自性之有无,实为行人之大事。

然而若究竟而言,亦不可但言业因果无自性、业作者受者无自性,如是亦成空执,易坏其名言有,故下颂即纠正唯空。

【论】经广说有,云何言无耶?

答云:

44　说有或说无　或说亦有无
　　诸佛密意说　此难可通达

【论】经中有处说有、有处说无,亦有处说亦有亦无。诸佛密意语言,于一切种不易通达。

【疏】"一切种"谓佛智境,佛于经中或说业因果为有,或说为无,或说为亦有亦无,是则如何抉择?

论主云,如是说即是诸佛密意。密意者,只用言说来宣说,实则尚有言外之意。此即世间之所谓"暗指"。譬如打太极拳,明是双手打圆圈,暗则寓意阴阳开合。

小乘修十二缘起,执缘起有实自性,无明实有,以其为缘而生行,行亦有实自性;如是至生有实自性,以其为缘而生有实自性之老死,此际业因果即有实自性。

及至逆观，由老死尽而观生尽，或说为断灭老死，如是即说其自性受断灭而为无。如是等等，此际业因果即亦无有，以行支已尽故。

然而佛实说十二缘起及业因果等，为非有非非有，以无自性故为非有；以名言有故非非有。此即佛所暗指，小乘行人难以通达其意。

何以难通达？以其但求永断轮回，即但求永断诸业及其所起之果，倘如业与果都不真实，那么，断业又有什么用？是故他们便不能悟入"非有非非有"。

大乘行人不同，彼因菩提心故，须求乘愿再来世间作佛事业，故因果不断（此时对圣者而言，当说为功德不断），由是即须离四边际，证业因果究竟无生，无生而生一切，是故无自性而具功德。由是即能悟入非有非非有。

上面已说业及其因果、作者受者都无自性，如是已于体性边圆满宣说缘起无自性。下面即就行人于修持时之能缘识与所缘境而说，此即为实际修持而建立。是即说根、境、识三者，是即涉及修持所依之法相（蕴、处、界等），由是下面更说。

六、由根、境、识证成空性

【论】问言：此中说色是大种生，故有。余非色诸法亦应是有。

答云：

45　色从大种生　则非从真生
　　非从自性生　他无非他生

【论】若说色是大种所造，色则从非真实生。从非真实者，谓非从自，是故色非从自性生。

诤言：是事实尔，非从自性生，是从他生，以诸大种是他故。

破曰：彼无，非他生，谓色〔自性〕非从他生。何以故？以彼无故。

彼无,即他无。云何他无?谓〔他之〕自性亦不成,故从他〔而有自性〕非理。说无从他生固非理,说无之他亦非理故。

【疏】颂文末句,应标点为"他无、非他生",若不加标点则实易误解①。

说根、境、识,先说色法者,以外境悉是色法故。若抉择言:佛说"四大种所造色",是则色由四大种生起,如是色即应有自性,有四大种之性故。(提醒一句,这里说"色自性"实在是说"色相自性",一如上文,下文亦然。)

答言:谓色从四大种生,则色非从自而生,如是色即无自性。是故说一切色法皆非从自性生。

抉择者认可,说言:事实如此,谓其从四大种生,即是由他而生,以四大种即是他故。如是抉择者以为即可成立色法有大种性。若色法有大种性,则缘色之根(如眼根等),起分别之识(如眼识等),便悉皆有大种性,何以故?缘于四大种而作分别故,如是即皆以大种之性以为性。

论主于此破曰:色非从他生,是故无有自性。何以由四大种所造亦无自性?以"他无"故,即四大种亦无自性。无自性之大种不能生起色法之自性,故其自性非从他而有。

是故可以决定:若说色法非从他生固是非理,然而若由无自性之他而成立色之自性,是亦非理。

上面所言,即以四大种亦无自性为立论之根据,能证成这点,便容易抉择根、境、识,故下面即须证成四大种何以无自性。

【论】复次,大种非有。若说大种从相生,彼相在大种前,不应正理。若无能相,则所相之大种亦不得成。复次:

---

① 此句法尊译,前曾误改,今复依原译,笔者于此抱歉。此句译为长行则是:由于他(大种)无,所以色不是他生。

46　一中非有四　四中亦无一
　　依无四大种　其色云何有

【论】由四中无一、一中无四故，依止无体之四大种，其色如何得有耶？无者，谓非有也。

【疏】先说能相、所相。其关系，能相为因，所相即由此因生。如是即能相为本体，所相为依本体呈现之相。此如世间一切现象，依虚妄分别的能相，便显现为虚妄分别的名言相。

今说色法由四大种所造，是即四大种应为能相，色法即为所相。然而事实所见却似恰恰相反，大种从何而见其有？由色法之相而见其有，如水，实见水相而谓其由水大种而成，如是则是水相为能相，水大种为所相。然而此实不合理。何以故，水相不应先于水大种而成立故。

如是即知，大种不能成立为有相。

可是色法却有相。然则是否此一色法中有四大种？答言：若如是，此即如水相中非只具水大种，而是具四大种。若一色法中具四大种，是则此色法则应具四重自性，此显然不合理，因为一色法不能具四重自性，如水不能取火性等。是知一色法中非可依有四大种性而说有自性。

这又或者可引起疑问。如水，当然只有水大种。然而不然，水相实依缘起而显现，此如蒸气与冰。其余大种即是与水和合的缘，所以蒸气中应有火大种、风大种；冰则应有地大种。这样便更能证成水这色法无自性，可是，我们依然不能说它有多重自性。

复次，四大种中无论何者，皆不能说其具有一色法性，如人由四大种所成；不能说地、水、火、风任一大种具有"人"之自性。

故知四大种实无本体，如是依止无体性之四大种，其色又如何得而有自性？

故可如是决定：色法与四大种仅相依而成有，是世俗有。即非色依大种而自性有。

如是破四大种色能成色自性。然则，非色法之心识又是否可成色法自性？此即于下面抉择。

【论】复次：

47　最不可取故　由因因亦无
　　从因缘生故　无因有非理〈有无因非理〉

【论】最不可取故，色即非有。何以故？由最不可取故。色是最不可取，若无可取，云何是有？

若谓由因，因即缘色之心。若有缘色之心，则能成彼色，以若无境，则心不生，由此心为因，故知有色。

破曰：由因，因亦无。因亦无有，因非有也。何以故，从因缘生故。其为因之心从因缘生，故彼非有。

又，有而无因，非理。若谓色是有，而无成立有色之因，亦非正理。谓因非有，非正理也。

【疏】上面破色法已，今则谓色为所取，心识为能取，既可成立能取所取，则心识必有所取，既有所取，是则焉能谓色法无自性耶？

论主破云：色法最不可取。所以不能说可由心识来成立色有自性。

何以最不可取？心亦由因缘而生，故彼亦无自性。若以无自性之心取境，便以为境以心为因而有自性，是知色法实非能成立有自性之所取。以其〔能取〕因已非有，是则焉能由取而成立所取色为有耶？故曰最不可取。

无因而有，是为非理。所以说心缘外境即有外境性，便可以决定为非理。说色有，而无成立有色之因，故不应理。

如是便可否定色可由心而成为有自性。

【论】复次：

48　若谓能取色　则应取自体
　　缘生心无故　云何能取色

【论】若说〔心〕能取色，则应取自体。然以自体能取自体，未见此事。从缘所生之心由自性空故无体，彼云何能取无〔自性之〕色？

【疏】论主于此指出，心非能取色法。何以故？若彼能取色法，则心当可以自取心。为什么这样说呢？因为心缘外境实际上只是缘心的行相，并不是取一色法为有，如果说心能取色，实际上便成"能取心"取"所取心"。自能取自，未有是事，此如刀不能自割，故具有体性之心即不能自缘心之体性，以其即更无作分别之功能。由是说缘生之心，无自性故无有自体，如是彼始堪成为心。

今心既不能自取，且无自性，是则如何能取无自性之色而令其为实有？如是证成"色最不可取"。

【论】问言：经说过去色、未来色，故取色应有。
答云：

49　若刹那生心　不取刹那色
　　云何能通达　过去未来色

【论】此约刹那色心而破。

刹那生心尚不能取刹那生色，况能通达过去及未来之色。以非有故，不应通达。言"云何"者，是除遣义。由此理趣，色最不可取。

【疏】抉择者以佛曾说过去色、现在色、未来色等三世色法，故说所取色应实有。今论主所破，说言：刹那生之心，不能取刹那生之色（此理于颂 31 中已说），以心实不住于境，无住而住，只是依名言而住。既刹那心尚不取刹那色，是则云何能认知过去、未来之色耶？

由是知无自性心，于三时中皆不取有自性之色，故曰色法最不可取，如是即不能说为心所取之色即有自性。

然则所谓不可取，是谓不见其显色与形色耶？下颂故即说此。

【论】又虽许显色、形色，然说取色亦不应理。何以故？〔说云：〕

50　显色与形色　异性终非有
　　不应取彼异　许同是色故

【论】若显色、形色有异者，取彼二为异，容应正理。然许显色、形色同是色法，故不应理。

【疏】能取之心虽能取颜色（显色）与形状（形色），但并非因此即谓其能取一具有自性之色法。

何以故？若说颜色与形状为异，这容或尚可说为正理，但于取色时，若说可分别成二者而取，即应见颜色时不见形状，见形状时不见颜色，这便违反事实。于见色法时，颜色与形状实同时而见，故即谓此二者不应为异，以其同为色法之二分。

既为色法之二分，即色法不能有其成为色法之自性，以自性应为独立而自存，今既已说为二分，是则至少亦不成为独立。

故许取显色与形色，不但不能说此为许色法有自性，恰恰相反，此正足以成立色法无自性而成空性。

上面诸颂，已破色法，即已破外境。下面即说眼根与眼识等，如是为内。

【论】复次：

51　眼识非在眼　非色非中间
　　彼依眼及色　遍计即颠倒

【论】若真实观察，眼识非眼中有，非色中有，亦非彼二者之间而有。遍计依眼及色有彼〔眼识〕生者，即是颠倒。

【疏】何以由说色法复须说眼根？以眼根若有自性，则其所缘之色便亦当有自性，因为至少可成立其为"眼根所缘自性"，或"可见性"。此亦谓，眼根有自性时，色能为眼所见，是即可谓色其实有自性。

论者于此提出，眼根非能分别，眼识始能起分别，是故非眼能见色，实由眼识对色起分别而见。今者，眼识不在于眼根，亦不在于色法，复不在于眼根与色法二者之间，是故若依眼根与色法二者，遍计此中应有眼识，此遍计即是颠倒。

如是即否定眼有可见性，故色有自性。至于是否因眼成所见而有自性，此已不需讨论，因为眼识根本与眼根及色法无关，如是即破其所立。

如再作抉择,便可以这样说:眼能见物,耳能闻声,此实世人之日常经验。故未必须眼识始能见物形色。何以故?识只作分别,若不分别而见物,亦是见物。由是抉择者即可如是说:眼识非我所说,我只是说,能被眼所见之色,定有其实自性,否则即不应为眼所见。

如是即有下颂。

【论】问言:眼等诸处是有,眼所见等亦有。谓眼见色、耳闻声等。
答云:

52　若眼不自见　云何能见色
　　故眼色无我　余处亦同尔

【论】若眼不见(眼)自性,云何能见于色?由不自见、亦不见色,故说眼无我,即无自性。又色亦无我,如不可见,即非是色。余处亦尔。以此次第类推,则余诸处皆成无我,即无自性。

【疏】论主言:我非谓眼不能见色相,只是说,无自性眼而见无自性的色相,故即使不说识法,亦非能证明眼可见有自性之色。所以我决定"眼不自见"。

说"眼不自见",非只谓眼根不能见自眼根。实言:若眼能见有自性之色,而眼根亦有自性,则眼根当能见其自身之自性相。今若不能,则可说眼根不能见自性相为有,亦即说言,眼根所见,实无自性。

此即谓,根、境、识必须相依,然后始成立眼能见物、耳能闻声等。彼相依有,非因缘有,故根、境、识之有,无非遍计而有,此即前颂所下之结论。

眼根与色如是,则余处如耳与声、鼻与香、舌与味、身与触、意与法等,莫不如是。其相皆非自性有,亦皆非由能缘所缘、能取所取即可成立其自性。

然而,此尚未说明眼根与眼识何以必须相依,故下面即答此疑。

【论】问云:眼能自见,非是识见。

何以故？识是能取故。由能取细色等，故名为识。眼能自见，眼以净大种为体，此即眼之自性。能取此者，是识。如是能见显色、形色等诸色差别者，亦唯是识。

是故汝说若眼不自见，云何能见色，不应正理。

答言：是事不然。何以故？

53　眼由自性空　复由他性空
　　色亦如是空　余处空亦尔

【论】眼由依他故名空，即眼是依他而成。凡依他者即自性不成，故眼是自性空。眼由自性空者，自性即自体也。若许有他性，亦非正理，何以故？自性若无，岂复有他性。他性亦无，故是他性空。

又言他性空者，他即是识，〔他性空〕即眼由识空之异名。何以故？以眼无知故，若无知者即不应有识性，故是他性空。

又识亦即空性。由何知空？以识是依他起故。云何依他？谓识依所知等而有。凡是依他有者即无自性，故识无自性。是故说识能取细色等，不应正理。

色亦如是者，谓与彼相同。如眼是自性空他性空，色亦自性空他性空。

云何色是自性空他性空耶？如前已说一切法自性于一切非有，若真实观察，一切法皆非有，即是一切法皆无自性之异名。空者，即不可得之异名也。

又由缘起故，亦说名空。如色由大种为因而成，是依他成，凡依他成者则非自性成，故色是自性空，亦是他性空。

色之他为眼及识。眼与识是有境，色即是境，境非有境，故他性空。又识属内，色是所行，是外非内，故亦是他性空。

〔颂言〕"亦尔"者，谓如色由自性他性空，如是余处亦由自性他性空。

【疏】此大段成立根、境、识相为自性空、他性空，即除"法界"外尽空蕴、处、界。这样一来，根、境、识相便当然亦空。

释尊说法，有二事至为重要，一为十二缘起，说此以明般若体性；一说蕴处界，说此以明修证般若时之所依。

故此二者并非无有，只是依因缘而成为有，是即可由其相依、相对而说其"因缘有"为世俗有，即无自性而有。故上面屡言："凡是依他有者即无自性"，此即由"相互为因"来否定"因缘有"为本然自性有。

于前说十二缘起时，以"父子不相即"一颂（颂 13）已说明，彼等非仅为相依，以"亦复非同时"故，彼等实亦相对，如是成立其"相依有"亦无自性。

今于蕴处界亦复如是。

部派佛教行人，无论于十二缘起或蕴处界，皆以因缘和合而成立其有，复于同一层次上求证"因缘有"之空性①，故其证"法我空"即不澈底。龙树现在引入相对依他。说蕴处界一切法亦无有自性，唯相对而成有，是即依他有，非本然有，非可独立绝对而成有。

复次，又恐人执依他之"他"性为有，如是即可说，眼可见外境，识则能分别外境，故眼虽由大种而成无有自性，而识则应有识性，识性有，眼亦可依识而成有。故龙树于此即须说，凡相对者，必二者皆为自性他性空。

下面即说其理。

人或可疑，谓根境识此三者非相对待，故言：谓识为能取，实指其能取细色，非谓眼根须依于识始成可见。这便是说：见有两种，眼能见粗色，识能取细色。若如是，则根、境、识三者即非相依有，如是即不能成立因缘有为自性他性空。

故论主破言：他性空者，即"眼由识空"之意，以识空故始说眼空。然则如何能说识空？此谓眼实无所见，无所见则应无识性，故即可说眼由识空。

---

① 小乘行人虽然在同一层面来说"因缘有"与空性，但却绝非依推理而说，他们是依观修时的境界，来定义"因缘有"为空。

若以识而言，则可说为"识由眼空"，以眼空即可说识空。何以故？识不能触色，故于色无所知，所知者为眼，故识应无眼之所知性，如是识即由眼空。

色者，与眼根眼识相对待，故亦是他性空。即谓色无眼根之所知性，亦无眼识之所见性。所以可以决定：眼与眼识为"有境"，而色则为"境"。二者不同，境不能有"有境性"，故是他性空。

所谓"有境"，即是成立境为"有"的观点。因此，有境即是能相，有即是所相。

说他性空，即谓根境识三者是相依而且相对，由相对缘起而成立为有，是即可依"相互为因"来说此因缘有为无自性。

以眼根、色法、眼识为例，蕴处界之余处即可类推而知。故五蕴、十二处、十八界一切法，皆自性他性空。

然而于上面抉择中，有一关键，谓识不能触色，于是又须说触，然后始能明眼根与眼识之分别。下面四颂即就此而说。

【论】复次：

54　若触俱一起　则余者皆空
　　空不依不空　不空不依空

【论】若时一"处"与触俱起，则余"处"皆空。是空则不依不空，不空亦不依空。

【疏】心识触外境，便成立"处"，亦称为入。

由于有六根，所以处便亦有六。触与处，仅能依一根俱起，其余五者皆不起。如眼触色，仅有眼处，而耳鼻舌身意处皆不起用。

于此时，可说眼处不空，其余五者皆空，这就是依其起不起用而抉择为空与不空。此际当知，眼处不依余五处，余五处亦不依眼处，故说为"空不依不空，不空不依空"。所以可以决定，彼等实非相依而成为有。

抉择者可能又有疑问：六处若非相依,岂非可以成立其因缘有耶？若如是,则触当有自性。触为心法（名为"心所",即心所有法）,若触有自性,则一切心及心所法皆当有自性。

故说云：

55　三非有自性　不住无和合
　　则无彼性触　是故受亦无

【论】〔根境识〕三者非有,谓彼无也。于不住自性中则无和合。和合无故则无彼性之触。由无触故,受亦无有。

【疏】触,是"遍行五心所"之一。五心所是：触、作意、受、想、思,即是心理活动的过程。如见一物,或闻一声,是即为"触"；既见物闻声,便生起注意,是即"作意"；由作意见物闻声,便有觉受,是即为"受"；既受之后,随即有思维,是即为"想"；由思维即能生起决定,是即为"思"。

譬如：见一人入屋（触）,于是便注意到这个人（作意）,随即对这个人有一个感觉（受）,由这个感觉便起分别想（想）,于是决定怎样去应对这个人（思）。这便是五心所的功能。

抉择言：若根、境、识三者有自性,则三者相依有,是即可成为依其自性而住之"和合"。于是"触"即可于此和合中生起,且有自性。如是眼根、色境、眼识三者即和合而成一行相,不可消散,亦即心识永恒与此行相相触。

但实际情形却不是这样。许多时候,眼与眼识缘一色境,刹那此境即消散,并非一定随触而起其他心理状态,例如见一花,随即见蝴蝶,那便是触花与蝶而已,其后即无作意,这样才所以有"见"与"不见"成立,而非永见一色境相。此如上例,见花时不见蝴蝶,见蝴蝶时即不见花,是则即可说为触无自性,故始有刹那生灭之功用。

由是可以决定：根境识三者不住、无和合,故触始不住。既三者不住、无和合,即可决定识无自性,因识与触同是心法,无触,即无与识自性相同之触。

触不成有自性，是即无"受"可成有自性，如是偏行五心所皆无自性。以此等心所实相依而成立故。

【论】复次：

56　依止内外处　而有心识生
　　是故识非有　如幻如焰空

【论】由依内外处而有识生，故识非有，如幻事、如阳焰，其性本空。若作是念：有识、有识者，亦不应理。何以故？

57　由依所识生　是故识非有
　　识所识无故　亦无有识者

【论】识依所识而生，故识非有。

由所识能识俱非有故，识者亦无。

【疏】颂56谓识须依"内处"与"外处"此二处始得生起（内处谓根，外处谓境），故识无自性。由是即知"处"亦实无自性，何以故？若彼二处如有自性，则所生之识亦当有自性。

今识无自性，故说为如幻事、如阳焰。

如幻事则不生，譬如由幻师所生之诸幻事，如象马等，见其生起，实非有所生，故究竟不生。如阳焰则不灭，譬如见阳焰水，近前则无水，见其水灭，实非有所灭，故究竟不灭。

如是识之生灭，实无自性而现为生灭相。于此即有能识与所识。

所识者，即由对外境作分别而起之行相；能识者，即对所缘外境之分别。二者相依而起用，是故识始呈现为生灭相。如是始能既缘一物已，更另缘一物；认知一物已，更另认知一物，色境如是而成生灭。故识生之物像，如幻事之生，识灭之物像，如阳焰之灭，其生灭皆无自性。

以此之故，颂57即言，能识依所识而生，今所识既如幻焰，是故非有，而能识自亦非有。能识所识皆无自性，是则识者亦无自性，即能识外境之人亦实无自性。

上面说根、境、识无自性竟,即蕴、处、界皆无自性。由此决定,即可成立"人我空"与"法我空",此即道上行人之所须现证。

然而,既有所修证,则有能证、所证,今行者于修持时所依之根、境、识等,以至蕴、处、界等,虽可决定为无自性,但对修证之能证、所证是否有自性,仍须抉择,否则修证般若波罗蜜多即无义利。

为此抉择,故有下面诸颂。

七、修行道上所证

【论】问言:如说"一切无常",以说一切无常故,即显不空。

答云:

58　一切无常者　非常无有常
　　常无常依性　其性岂能有

【论】一切无常者,当知意说非常或无有常。若有性者,可说常或无常。其性岂能有,即谓无常。(此句当理解为:若有性,才能说为"常"或"无有常",前已证成无性,所以就不能依性而说"无常"。)

【疏】佛言:一切法无常。行者若因此认为"无常"即是诸法自性,此实为误解。有人一学佛即陷消极与断灭,实由于以"无常"为修持之决定故。

说无常者,谓一切法之现象非恒常、无有恒常。故所说者仅为其相而非其性。若就一切法之自性而言,岂能有"常性"与"无常性"? 盖一切法无有自性,亦不能以现象之常或无常为性。诸法之现象呈现为非恒常,正由于其无自性。若有自性,则相状已成固定,是则更无生长过程,且人亦不能受教养,更且无所谓修道以求解脱。何以故? 因自性已令其定型故。

是知于性不能说常，亦不能说无常，以不许有自性故。

【论】问云：贪、瞋、痴应有，经中广说故。

答云：

59　爱非爱颠倒　缘生贪瞋痴
　　是故贪瞋痴　非由自性有

【论】从爱缘、非爱缘、颠倒缘生贪瞋痴。故贪瞋痴非由自性而有。

复次：

60　于彼起贪欲　瞋恚或愚痴
　　皆由分别生　分别非实有

【论】于一境上起贪瞋痴，故贪瞋痴并由分别而生。分别非实有故，分别所生贪瞋痴等亦非实有。

云何非实？〔答云：〕

61　所分别无故　岂有能分别
　　以是缘生故　能所别皆空

【论】所分别全无。若无所分别，岂有能分别。由缘生故，所分别自性空，能分别亦自性空。

【疏】上面三颂，说贪、瞋、痴无自性。但行者可以抉择此三者，经中广说此为三毒，而且说为行人于道上所须断除，是则于修行道上，何能说此三者为无自性？

论主抉择言：此三者实为缘生。由爱缘生贪、由非爱缘生瞋、由颠倒缘生痴。以缘生故无自性相，是谓贪、瞋、痴相皆无自性。

若更言之(颂60)，同一事物，有人于彼起贪、有人于彼起瞋、有人于彼起痴，故知此三者皆由分别而生。所谓分别，无非只是成见，是故无有自性。龙树在《菩提心释》颂20言：

　　　　此如同一女人身　禁戒行者欲者犬
　　　　尸骸所欲及食物　如是三种分别心

这是说对同一类人身，禁戒行者视为有如尸骸、欲者则视为贪爱之所欲、犬则视为食物，此皆由分别心而成所见不同。这说法即同于本颂所说。

如是，贪瞋痴皆由分别生，由分别生即无自性，由是即可决定贪瞋痴当无有自性，故其相非实有。

倘如还要抉择，何以非实有？则（颂61）说言：能分别即是具成见之思维，由此思维，而成对一事物起分别心，所分别即此事物。此事物受分别，可令人非爱（如禁戒行者于女人身），亦可令人起爱（如欲者），更可成颠倒心（如犬）。

同一事物而令人爱、非爱、颠倒，便足以知道此事物无一固定之自性，可称为爱自性、非爱自性、颠倒自性等。如是其贪、瞋、痴性即非实有。

所分别既非实有，是则能分别亦当非为实有。二者皆缘生，故说为自性空。

由是知贪、瞋、痴三毒皆无自性，非实有。人若于一境界中能作贪瞋痴想，是即无明，无明即是颠倒，故行者于修行道上，非去除贪瞋痴等，实须离诸颠倒。

故下颂即说何谓解脱。

【论】复次：

62　四倒生无明　见真则非有
　　此无故行无　余支亦如是

【论】由见真实故，不复从四颠倒而生无明。由此无明无故，则不生诸行，如是余支亦不生。

【疏】四颠倒，谓凡庸者见无常以为常、见苦为乐、见无我为我、见不净为净。有如是四种颠倒，便产生无明。由是无明缘生行；行缘生识；识缘生名色；名色缘生六入；六入缘生触等，以至老死，十二缘起即便成立，有情由是即轮回于无明与老死之间，永无尽期。

由认知一切法无自性，行者于是即能以离颠倒之心以观察一切法，由是知诸法实相。此际行者心之空性已被认知（心法性显露）、客境中诸法之空性亦同时被认知，是即谓见真实。

此如幻师用木石幻化成象马等，在场观众必以为象马等为实有，以实见彼等故。但当幻术收场，只余下木石，此际若有人见此等木石，必不以为木石是马象，以实见木石，不见马象故。

此即如现观幻术者心生颠倒，未见幻术而只见木石者则心不生颠倒。故前者即为无明，后者则见真实。

此又如沙漠行旅见远处有水，及至走近，始则见无水。有经验之旅客即知此为阳焰，阳焰于远处现为水相，其相实幻，而愚人则以为真实有水，但当自己近前时彼水消失。此二者，前者见真实，后者颠倒。

所谓修持，即令心不生颠倒，如是即可见真实，亦即所谓见诸法实相。如上二例，木石无马象性、阳焰无水性，此即真实。若执其有马性、象性、水性等，即是颠倒。故于修行道上，行者须抉择一切法无有自性，如幻师之木石无马性、象性，阳焰无水性，如是始能离诸颠倒。此际行者之所为，即是离分别心。此即如离幻化马象相、离阳焰相。若能离相，便能决定：由分别而视之为实有者便是迷误，其分别亦为虚妄分别。迷误相是所相、虚妄分别为能相。

是故能知一切法如幻事，本来无生；知一切法如阳焰水，本来无灭，是即见诸法实相。以见实相故无有无明，无明既无，十二缘起即便不起，如是即为解脱。

下面四颂，即说此离颠倒而灭无明。无明灭，是为寂灭。

【论】复次：

63　依彼有此生　彼无此不有
　　有性及无性　为无为涅槃

【论】若依彼而生此，则此从彼生，彼若无，此亦非有。有性无性寂灭,及有为无为寂灭,即是涅槃。

复次:

64　诸法因缘生　分别为真实
　　佛说即无明　发生十二支

【论】谓于诸缘起法贪著、顾恋、分别、执持。

【疏】以无明为因,由是生起"行",如是十二缘起,是为缘生。凡缘生诸法,皆依彼而生,故彼有则此有,彼无则此无。如是种种即名为"有为法"。

然而"无为法"者,虽不依缘生,但若无"有为法"时,"无为法"亦当无有。何以故?彼二者实由相对而成为有,如净与不净,倘若无有不净,则实无所谓净,以净已成为本然故。

无论"有为法"抑"无为法",皆不可说为有性或无性。无有自性故不可说为有性;然此"无有自性"即可说为法性,所以亦不可说为无性。行者须如是离此二边际,是即以"非有非非有"为中道。

倘如不依中道,若落于有性边、落于有为法边,则落轮回边。以其落于缘起故,由是即有十二缘起自然流转,是即为轮回。

反之,若落于无性边、落于无为法边,则落断灭边。以其虽已不落缘起,但执无性以为性,是即不知一切法之生灭为法界功德(功能),但以断除生灭为所修道,如是即成唯断灭而成灭绝。

故有性与无性皆当寂灭,有为与无为亦当寂灭,于是即名为涅槃,此即决定。

复次,抉择有何者为涅槃之障碍,碍涅槃者即是轮回,此则由于对缘生法加以分别,视为真实,由是起贪著、顾恋、分别、执持。如是即为无明,由是生起十二支缘起。此无明为因之十二支,即是涅槃之障碍。

故行者即能决定:须见诸法实相,不以虚妄心分别诸法而起贪执,亦不入对"无性""无为"之贪执,如是始为寂灭涅槃。是即如论中所言:"有性无性寂灭,及有为无为寂灭,即是涅槃。"

【论】复次：

65　见真知法空　则不生无明
　　此即无明灭　故灭十二支
66　行如寻香城　幻事及阳焰
　　水泡与水沫　梦境旋火轮

【论】如实了知诸法性空，即不生无明，此即无明灭。无明灭故，十二支悉灭。

何以故？若真实观察，诸行如幻、如阳焰、如寻香城等，是故性空。若善了知此，则无明不起，即无明灭，故十二支皆当熄灭。

【疏】此说"法空"，即"法我空"。然则何谓"法我"？即对一切法实执其自性，如水性、火性、药性等一切物性。

物性其实只是事物之相或功能，非其自性。然而若起无明，执受业力所污之分别心而起分别，则误以为物必有性，然后始有相与功用，于是即视诸法为真实存在。此际诸法遂由分别而成有，是为"分别有"。

若知诸法性空，性空而显现且具功用，则不生无明，是即无明灭。此无明灭如何现证？由真实观察诸行而现证。

于真实观察中，诸行如梦，是故不生；诸行如幻，是故不灭；诸行如回响，是故不常；诸行如水月，是故不断；诸行如旋火轮，是故不一；诸行如寻香城，是故不异；诸行如眼华，是故不来；诸法如阳焰水，是故不去。

〔上面梦幻八喻，依龙青巴而说。若依颂66藏译，此八喻次第如下：乾闼婆城（寻香城）、变化、阳焰、眼华（眼翳）、泡沫、幻事、梦、旋火轮。汉译由于字数限制，故未全译。复次，此八喻依次第应喻为不灭、不生；不断、不常；不一、不异；不去、不来。〕

此观修次第，上面已各别说，今更综合而依次第说。

（1）行者之"分别有"。由知诸法因缘和合而生灭，是即"因缘有"，如是即证知"分别有"为无自性。

（2）行人证知"因缘有"实为相依而成立，此如心识与外境，彼此相依，此已含容内外一切法，如是建立"相依有"，即同时证知"因缘有"无自性，如是即证不生不灭。

（3）行人于"相依有"中，知除非唯依名言，否则实相对而成立，如阿赖耶与如来藏，此亦含容内外一切法，如是建立"相对有"，即同时证知"相依有"无自性，如是即证不常不断。

（4）行人于"相对有"中，证知此实由相碍而成立，如轮回界与涅槃界，此亦含容内外一切法。如是建立"相碍有"，即同时证知"相对有"无自性，如是即证不一不异。

（5）由相碍而证无碍，即现证无二，一切诸法为清净大平等性（所以并非无性），如是证知"相碍有"无自性，即证知不来不去。

如是次第现证，即由心性悟入法性，由法性悟入清净平等性。然而非须完全现证五次第始能无明灭，于资粮道上，悟入相依缘起，即已能灭无明。然后于加行道上，历四层次而修，亦能入相碍而了知心性，复进入见道证初地时，则住入法性。

【论】复次：

67　无少自性法　亦非无有法
　　以从因缘起　法无法皆空

【论】若真实观察，全无少许有自性法，亦无少许无法。法与无法皆因缘生，故〔法与法性〕悉是空。

复次：

68　以此一切法　皆是自性空
　　故佛说诸法　皆从因缘起

【论】以此一切法皆自性空，故佛说诸法皆是缘起。

【疏】此二颂建立胜义。

于胜义中，一切法无少许自性，故即无自性而有。然而非以无自性即成无法（虚无），以其从因缘生，故"无法"亦是缘生。

由是于胜义中，不执于法，亦不执于无法。如是始是中道的"非有非非有"。

由此可知，若以为胜义即唯空性，而不知"无法"亦不可执，则易落于执著无法而落断灭。通途以为"世俗有、胜义空"是为中道，即犯此弊。须知胜义亦以世俗缘生而说为空。

【论】复次：

69　胜义唯如是　然佛薄伽梵
　　依世间名言　施设一切法

【论】于胜义中，一切缘起诸法皆自性空，唯此而已。然佛世尊依止世间名言，如是施设种种法。

复次：

70　不坏世间法　真实无可说
　　不解佛所说　而怖无分别

【论】于世间诸法不破不坏，于真实中则全无法可说。由未了知缘起胜义，不达如来所说，故诸愚夫于无立、无相、无分别中而起恐怖。

【疏】此二颂建立世俗。

一切法于世俗，唯有名言。由此名言，生种种概念，佛亦随顺此名言及其概念而作言说，但此非于"名言有"作任何承许。

一切法名言有，即概念上有，故佛欲说真实，便须指出此种种概念并非真实。若执概念即以为是自性，则此无非是分别而已，如是有情于分别中作种种业，即依业力牵引而随十二缘起而流转。

故佛说一切法缘生无自性，如是即离诸分别。然而佛虽破坏世间所执自性，实未破坏世间诸法之名言有，若了知名言有即分别有，是则便可不坏名言有，而现证诸法实相为缘生而有。

愚夫不解此意，故对无自性、无相自性、无分别而见实相等，即起恐怖。彼以为水无水性，水即破坏；或水无水相，水亦破坏；于无分别中水与火无分别,是世间诸法尽坏,是故即须坚持一切法实有自性、自相,由是即不可能对诸法无分别。

论主于下面结颂中,即说胜义世俗双运义。胜义缘生无自性,世俗名言有功用。

八、结颂:胜义世俗双运

【论】复次:

71　依彼而生此　世间故不坏
　　缘生无自性　焉有是决定

【论】于世间,说依于彼法而有此法生,此世间理故不可破坏。然凡缘生即无自性。若无自性,何能说有。决定如是。

【疏】此说于无自性、无相、无分别不应起恐怖。何以故?以世间理实未坏故。说一切法缘生,悟入缘生即相依、相对、相碍,皆由缘起成互相依存,互相对待,互相局限,而诸法即于此中任运而生起(适应而生起),是即于缘生中世法丝毫未受损害。

然一切法既由缘生,是即无有自性,故说一切法非如其名言而有,非如其显现而有、非如其分别而有,实无自性而有。此即是究竟决定。(颂末句如译为长行,应为:"那能成立有。这即是决定"。)

如是即胜义与世俗双运。亦即,依世俗建立胜义为无自性,依胜义建立世俗唯名言①。

【论】复次:

72　正信求真实　于此无依法
　　以正理随求　离有无寂灭

---

① 本颂重译。法尊译为:"依彼有此生,世间不可坏;缘起即无性,宁有理唯尔。"藏译为:/ 'di la brten nas 'di 'byung zhes / 'jig rten tshul 'di mi 'gog cing / gang brten rang bzhin med pas de / ji ltar yod 'gyur de nyid nges //

【论】若成就正信勤求真实，于此所说都无所依之法，能以正理随求、随欲者，则能远离有性、无性而得寂灭。

复次：

73　了知此缘起　遮遣恶见网
　　断除贪瞋痴　趋无染涅槃

【疏】缘起法即是无所依之法。若一法须要有自性，才能有所依止，今一切法都无自性，是即应无所依。

或问言：汝岂非依止缘起？

决定言：非是，缘起亦无自性。我说缘起，亦施设其名言而说耳，非谓一切法中唯此缘起有自性，堪可依止。是故诸法之真实，即无所依而缘生。

由是于此都无所依之法，如理随求、随欲，即能离一切法有性、无性二边际，如是离有无而得寂灭。

由了知缘起，即可遮遣落于有、无二边际之恶见网，由是断除贪、瞋、痴诸染而得涅槃。

是故由现证胜义而得寂灭，现证世俗而得涅槃，此二不可分离，以胜义与世俗实本不能相离故。如是胜义世俗双运，二者即无分别、无所得而证寂灭涅槃。

跋

本论颂文及论皆依法尊法师译。法尊译则依藏译 *Stong pa nyid bdun ca pa'i 'grel pa*（译言《空性七十释》），唯题名作《七十空性论》，今仍依此题名。笔者注疏时亦依此藏译略作校订。此论藏译者为胜友（Jinamitra）及智军（Ye shes sde）。

上面将《七十空性论》分八份而疏，实依修证次第而说，唯愿学人能由知见而入中道，且知中道修证。西元二千又二年岁次壬午冬至日疏竟。无畏记。

公元二千又十三年修订，又记。

图书在版编目(CIP)数据

龙树二论密意/谈锡永著. —上海:复旦大学出版社,2015.6(2024.11 重印)
(佛典密意系列)
ISBN 978-7-309-11281-8

Ⅰ.龙… Ⅱ.谈… Ⅲ.大乘-佛经-研究 Ⅳ.B942.1

中国版本图书馆 CIP 数据核字(2015)第 053242 号

龙树二论密意
谈锡永 著
责任编辑/陈 军
复旦大学出版社有限公司出版发行
上海市国权路 579 号 邮编:200433
网址:fupnet@fudanpress.com http://www.fudanpress.com
门市零售:86-21-65102580   团体订购:86-21-65104505
出版部电话:86-21-65642845
上海新艺印刷有限公司

开本 890 毫米×1240 毫米 1/32 印张 5.75 字数 147 千字
2015 年 6 月第 1 版
2024 年 11 月第 1 版第 7 次印刷

ISBN 978-7-309-11281-8/B·524
定价:28.00 元

如有印装质量问题,请向复旦大学出版社有限公司出版部调换。
版权所有 侵权必究